沟通的
方法

别输在不会表达上

陈默

著

北京时代华文书局

图书在版编目（CIP）数据

沟通的方法：别输在不会表达上 / 陈默著 . — 北京：北京时代华文书局，2022.9
ISBN 978-7-5699-4664-2

Ⅰ . ①沟⋯ Ⅱ . ①陈⋯ Ⅲ . ①心理交往 – 语言艺术 – 通俗读物 Ⅳ . ① C912.11-49

中国版本图书馆 CIP 数据核字 (2022) 第 132419 号

拼音书名 | Goutong de Fangfa: Bie Shuzai Bu Hui Biaoda Shang

出 版 人 | 陈　涛
选题策划 | 苟　敏
责任编辑 | 周海燕
执行编辑 | 徐小凤
责任校对 | 凤宝莲
封面设计 | YooRich Studio
内文设计 | 孙　波
责任印刷 | 訾　敬

出版发行 | 北京时代华文书局 http://www.bjsdsj.com.cn
　　　　　北京市东城区安定门外大街 138 号皇城国际大厦 A 座 8 层
　　　　　邮编：100011　电话：010-64263661　64261528
印　　刷 | 北京毅峰迅捷印刷有限公司　010-89581657
　　　　　（如发现印装质量问题，请与印刷厂联系调换）

开　　本 | 880 mm×1230 mm 1/32　　　印　张 | 8　字　数 | 168 千字
版　　次 | 2023 年 6 月第 1 版　　　　印　次 | 2023 年 6 月第 1 次印刷
成品尺寸 | 145 mm×210 mm
定　　价 | 49.80 元

目 录

第三章　运用沟通技巧

第四章　实用测试案例

第五章　沟通达人良方

第一章　走出沟通误区

沟通不等于聊天

所谓"言不顺，则事不成"，在日常工作和生活的许多场景中，譬如谈判、演讲、推销、说服、圆场、拒绝、请示、汇报等，沟通都扮演着重要的角色，尤其是在分工日益细化的现代社会。

不同行业、不同工种和不同角色之间都存在着一定的信息壁垒，而做事情往往是一环扣一环的，一旦有一个小环节沟通不顺利，带来的连锁反应会让整件事都办不成，白白耗费人力、物力。

在意识到沟通的重要性后，我们总是更愿意推举能说会道的人出来担任负责沟通的角色，这样的例子屡见不鲜。

然而，即便是一个讲话妙语连珠的人，在与人沟通时也有可能不得要领，导致沟通效率低下，结果不尽如人意。

小张平时很喜欢看搞笑类综艺节目和短视频，各种时兴的"梗"和金句信手拈来，常常逗得办公室的同事哈哈大笑。大家都觉得他幽默感十足，绝对是社交场里的风云人物。

　　然而，他在谈判桌上却屡战屡败，有时候一个月也谈不成一单生意。

　　这是为什么呢？

　　原来，小张谈生意时总是抓不住重点。

　　对方问他，公司为什么安排新人担任项目主管，而不是之前合作过的那位主管。

　　他不是客观地谈论新人具有的优势，而是开始埋怨之前那位主管为人刻薄、人缘很差等。

　　对方说他们的报价太高，小张赶紧说现在物价飞涨，前几天去买菜，发现肉贵，蔬菜也贵，都快吃不起饭了……

　　一通抱怨下来，对方已经不想继续谈下去了。

　　谈生意需要反复商议、认真讨论，实现双方利益的最大化，而不是嘻嘻哈哈，随随便便就能把事情定下来。

　　沟通时的方法、技巧等都是影响结果的因素，但最需要注意的是：沟通不等于聊天。

　　虽然二者有许多相通和类似的地方，但却是两件完全不一样的事，不能画等号。

　　如何成为一个擅于沟通的人呢？

　　首先，沟通具有明确的目标。

　　一般来说，沟通都是为了达成共识，解决问题。比如在商务沟通时，为了更好地开展合作，需要双方达成一致的意见。在政务沟通中，为了让政策顺利落地施行，形成共识成了必要的前提。

参与沟通的各方在动机、立场和目标等方面不尽相同，而且，不同的个体由于教育背景和成长经历各有不同，对事物的理解、表达的方式彼此存在差异，所以需要明确目的，进行有价值的信息交换，即有效沟通。

正如现代管理学之父彼得·德鲁克所说："一个人必须知道该说什么，一个人必须知道什么时候说，一个人必须知道对谁说，一个人必须知道怎么说。"

知道自己要对谁说、说什么、怎么说的过程，就是一个明确沟通目的的过程。

假如一个朋友和她的男友吵架，郁闷极了，向你倾诉。如果你和她只是普通朋友，那么沟通目的就是给她一些安慰，让她别这么伤心。

在沟通过程中，你可以帮她客观分析一下吵架的原因，或者举几个床头吵架床尾和的例子，让她放下心来。

但如果你和她是亲密朋友，并且你一直觉得她的男友无论是做人还是做事，各方面资质都很差，根本配不上她，想干脆借此机会劝他们分手，那么你可以认真跟她谈一下这件事，明确表达你的想法。

我们没有必要对普通朋友推心置腹，也不应该对亲密朋友敷衍了事。

相比之下，聊天是漫无目的的，我们不需要说服谁，也不需要解决什么问题。这是一种发散性的语言交流，只要有一些基本的信息来往和情感交流即可。

在日常生活中，这样的对话随处可见——

你下班回家一进门，妈妈就说："回来了？"

你随口答一句："嗯，回来了。"

实际上，当妈妈看到你开门、脱鞋、放包等一系列动作时，她就知道你下班了，何必多此一举，再问一句呢？你出现在这间屋子里，本身也是在确认"回来了"这一事实，又何必做出回答呢？

从语言学上说，语言除了具有信息传递功能，还具有人际互动功能，帮助我们建立或保持社会关联。

如果两个人见面不说话，多少有些尴尬，甚至会感到对方隐藏着敌意。所以，我们需要这类并不传递实质信息的对话来进行日常寒暄，作为维持良好人际关系的润滑剂，让我们进行良性的人际互动。

其次，沟通的内容是有主题的，往往围绕着期待达成的共识、亟待解决的问题展开。

沟通时，双方需要把话题集中在同一个信息场，否则就是"鸡同鸭讲"。

但在聊天时，双方的视线不必聚焦于某一个点上，内容可以天马行空，千变万化。从柴米油盐到时事热点，从吃喝玩乐到文史商哲，什么都能聊。可能上一句话还在聊怎么跟老板提加薪，下一句话已经在讨论半夜的球赛了。

再次，沟通是有立场的。

沟通时，双方可以就某件事展开辩论，各自有不同观点。但聊天时，为了营造轻松愉快的氛围，我们更倾向于消弭立场界限，同意和附和他人的观点。

德国社会学家伊丽莎白·诺尔–诺依曼在《沉默的螺旋：舆论——我们的社会皮肤》一书中，提出了"沉默的螺旋"理论。

"沉默的螺旋"理论认为：人们在表达自己的想法和观点时，如果看到自己赞同的观点受到广泛欢迎，就会积极参与进来，越发大胆地发表和扩散这类观点；而如果发觉某一观点无人或很少有人理会，甚至被大家攻击，那么即使自己赞同它，也会保持沉默。

比如，一间宿舍里的四个人，讨论明天早上吃什么。甲说想吃小笼包，得到了乙的赞同。丙说想吃面条，甲和乙劝他说面条太烫了，吃起来费时间，不如买小笼包，可以拎着去教室。丙觉得有道理，所以也加入了买小笼包的阵营。丁本来想吃饺子，但是看到另外三个室友都选择了小笼包，就以回复"我都可以"的方式加入了他们。

大多数的人会力图避免由于单独持有某些态度和信念而产生的孤立。所以在沟通时，如果我们需要说服对方，可以营造融洽的氛围，再通过"沉默的螺旋"效应，让对方同意你的观点。

最后，沟通是双向的，聊天是单向的。

聊天时，我们可以把对象的需求放在一边，用我们喜欢的任意方式进行自我表达。但沟通时，我们需要根据沟通对象的不同，采取不同的沟通策略。

同样是劝阻参与高风险投资，面对父母和好朋友，你肯定不会使用一模一样的话。如果你在面试时遇到的考官正襟危坐，表情严肃，问询时一丝不苟，谈话时滴水不漏，你的态度也会更慎重，措辞也会更严谨。但如果遇到的是一个风趣幽默、亲和力极强的面试官，你的表现也会更从容，甚至会试着开一些无伤大雅的玩笑。

在沟通中，每个人既是信息的发送者，也是信息的接收者。你不仅要进行信息的输出，也要进行信息的输入和解码。如果只有单向地信息传输，是无法构成沟通的。你说的每一句话、你的每一个诉求，都需要得到反馈。这些反馈有些是语言上的，有些是表情或肢体动作上的。它们会影响你接下来采取的沟通策略，包括使用什么语气、提出什么问题、谈论什么内容等。只有包含听、说、问三个行为的沟通，才是良性的双向互动沟通，才能帮助我们更好地达成目的。

沟通的强目的性、主题性、立场性和双向性，让它和聊天有了本质的区别。沟通不等于聊天，如果你以前没有认识到这一点，那么从现在开始，改变你的相关认知方式，从沟通误区中走出来吧。

姿态比内容重要

演员在表演时，用不同语气表达同一段台词，其效果也会不一样。

同样是父亲对儿子说"你终于回来了"，如果强调"终于"，情绪冷峻，甚至伴随着冷笑，说明儿子回来晚了，并且在外面没干好事，等会儿势必没什么好果子吃；如果重音在"回来"一词上，言辞恳切，眼泛泪光，那么父子二人可能因为某种原因分别已久，如今才相见。

可见，说话的语气、语速、重音等，能够表明说话者的态度，影响听者对这段话的感受，从而让同样的话语表达出不一样的意思。姿态，比内容更重要。

一场效果好的对话，会让人联想到这些词：自信、开放、友善、温柔等。

而效果不好的对话，说话人的姿态往往跟刻薄、尖酸、刁钻等形容词挂钩。

如何用正确的姿态进行沟通呢?

1. 少用反驳式反问

反问有时候可以和质问画等号，让听者觉得自己在被兴师问罪，感受不到对方的尊重和善意，从而产生强烈的不安全感，防备之心顿起。

一对情侣在用手机聊天，女人问男人："你在干吗?"

男人说："还能干吗? 上班呗。"

"等会儿要加班吗?"

"我哪知道? 万一突然来活儿了呢。"

"下班帮我带杯奶茶回来吧。"

"不能点外卖吗?"

"那家没外卖。"

"谁说的? 上次我同事还点了。不信我给你问问。"

"行行行，不麻烦您老人家了。"

本来是带一杯奶茶的小事，瞬间演变成一场冷战或争吵。

情绪不佳的时候，我们习惯在第一时间把心里想的直接说出来，而没有考虑到对方听了会是什么心情。

在这个例子中，男方如果能把反驳式反问变成陈述句，语气平和地表达，这场吵架则完全可以避免。说话方式不对，很容易把小摩擦升级为大争吵。

一个妻子等了很久才等到丈夫回家。丈夫不仅回家晚了，还满身酒气，明显是喝醉了。

丈夫没有注意到妻子的情绪到了冰点，说自己要睡了。

结果，妻子勃然大怒："我等了你这么久，你一句'睡了'就完了？你晚上去干什么了？信息不回，电话也不接，你心里到底还有没有我，有没有这个家？"

在妻子言辞激烈的攻击下，丈夫不知所措。

他只是和领导吃了顿饭。席间，自己身为下属，少不了给领导敬酒或被领导劝酒，喝得胃都开始疼了。手机没电了，回家还是同事替自己打的车呢。

想到自己在外面这么辛苦，回家却连一个安稳觉也不能睡，丈夫也开始生气。

他说："你知道我有多累吗？我也不想应酬，但我有办法吗？你倒是每天悠闲自在，可我得赚钱养家啊，不然全家喝西北风吗？"

两人谁也不服谁，吵得不可开交。

其实，妻子的指责并非出于恶意。

她的真实诉求是希望丈夫早点儿回家，多花一些时间在家里陪她。但她没把自己的诉求说出来，而是选择通过言语攻击丈夫的方式表达自己的意见。

科里·帕特森等人所著《关键对话：如何高效能沟通》一书中提到，沟通需要明确双方的需求。很多时候，我们会羞于直接表达自己的真实需求，导致话题偏离，误会加深。

2. 少用命令式语气

哲学家、教育家斯宾塞曾说："要少下命令，命令只有在其他方式不适用或不管用时才用。要像一个善良的立法者一样，不会因为压迫人而高兴，而要因为不必压迫而高兴。"

我们让别人做一件事时，总是习惯于讲述这件事的核心部分，比如"把地扫了""快点吃饭"，而较少使用能让语气更委婉的称谓词、感叹词等。

这样的交谈显得生硬冰冷，像在发号施令。每个人都有尊严，都顾及面子。如果对方因为你居高临下的姿态而感到受伤，便不会愿意接纳你的意见，甚至产生反抗心理；即使被迫接受了你的要求，在做的时候也会心不在焉，只想草草了事。

所以，要想对方听得进我们的话，首先我们要多用商量的语气给对方提建议，而少用命令式语气。

一个工地的老板发现自己雇的工人们很喜欢抽烟，而明火、烟头都是极容易酿成安全事故的隐患，于是，他在厂房旁边竖了个"禁止吸烟"的告示牌。

老板平时也三令五申，不允许大家在厂里抽烟。

结果有一天，他看到好些人在休息时间站在那块告示牌下旁若无人地抽旱烟，一边吞云吐雾一边插科打诨，好不惬意。这时候，他完全可以带着怒火走过去，把他们劈头盖脸骂一顿，然后命令他们熄灭手里的烟，继续工作，但他没有这样做。

他专门买了一条价格昂贵的烟发给大家，说："抽点好的，对身体也好。别谢我，你们想抽烟的时候如果能到外边去，我就更高兴了。"

工人们见他如此诚恳，意识到了自己的错误，此后这样的事再也没有发生过。并且，工人们干活儿比之前更卖力了，因为他们发现自己的老板是个平易近人、与人为善的好人。

除此之外，我们也可以多用契约式表达。在处理亲子关系时，最棘手的问题之一就是小朋友不守规矩，把大人的话当耳边风，总是我行我素。

一个小孩每次吃饭时都喜欢看电视，把饭粒撒得到处都是。父亲吼他："吃饭的时候不许看电视！"小孩不仅不听，还选择用不吃饭的方式抵抗。在这种情况下，命令式的沟通是失效的。所以妈妈跟他说："小孩子吃饭时看电视会长不高，如果你能好好把饭吃完，我就奖励你晚上看一个小时动画片。"小孩听完将信将疑，但是在发现自己乖乖吃完饭后，真的能得到看动画片的奖励时，就会意识到妈妈是认真的，自己要想看电视，就要遵守约定，每天好好吃饭。

3. 少用不耐烦的语气

"唉，你到底想清楚没有啊？"

"行吧，你要这么想我也没办法。"

"你问我，我问谁啊？"

以上这些话，在沟通中，都是"有毒"的话语。

它们都夹带着一种非常不耐烦的情绪，把别人当麻烦，认为他们不值得认真沟通。

与人交往，切忌使用不耐烦的语气。这会让别人觉得你浑身带刺，只想敬而远之。

以上三种不恰当的沟通姿态，归根结底都是因为没有对别人表达出应有的尊重。而姿态比内容更重要。

即使你说话的出发点是关心别人、为别人好，但如果姿态不对，表达效果也会适得其反。

为人处世时，我们要多一些同理心，不要过于以自我为中心，只想着表达自己的需求和心情。

人心都是肉做的，说者无意，听者有心，你不经意的一句话，可能就在别人心里留下一道深深的伤痕。

待人温厚一些，多用尊重、信任、商量的语气，把"要别人做的事"变成"别人要做的事"，这样，想要别人不喜欢你也会很难。

当你和其他人聊到自己感兴趣的话题或者擅长的领域时，千万不要掉以轻心地认为终于来到了自己的主场，可以放心大胆地发表意见了。因为有个坑在前面等着你，那就是自言自语式的表达。

每个人都有喜欢到迫不及待想和别人分享的东西，也都有伤心沮丧得想随便抓个陌生人来倾诉的时刻。在这些情况下，我们很容易成为滔滔不绝的独语者，自顾自说个不停，完全没有注意到对方已经开始心不在焉，面露难色。一场对话下来，不仅没达到预期效果，恐怕还会引起对方的反感，导致双方关系恶化乃至破裂。

切勿使用自言自语式的表达

如何才能走出"自言自语式表达"的误区？

首先，要避免自问自答。

一些话痨型聊天选手喜欢在相亲的时候这样说："这家饭馆你以前来过吗？我来吃过很多次，无论是菜品还是环境都很好。你有想点的菜吗？我特别喜欢吃这里的油焖大虾，虾肉特别嫩，还有铁板鱿鱼，比外面烧烤摊的好吃多了。对了，吃完饭你想去干啥？唱歌？看电影？我们俩可以去看个电影，最近新上的一个电影特别好玩儿，听说很搞笑，沈腾啊、马丽啊，他们几个都在。你喜欢看什么类型的电影？我最喜欢看搞笑的了……"

他不断地提出一些关心对方喜好和感受的问题，这点值得肯定。但是，他没有等到对方回答，就径自说了下去，让对方只能尴尬地当一个听众。问答应该是你问我答或者我问你答，有来有往才能实现信息交换，才能让二人迅速熟络起来。所以，提出问题后一定要留给对方回答的时间，并且最好顺着对方的回答进一步聊下去。你的所思所想固然重要，但在沟通时请尽量听听对方的声音。

其次，不要自怨自艾。

下雨天，一个心情阴郁的推销员来到一户人家推销产品，他一开口就说："今天下的雨好大。"

女主人看了看外面，说："是吗？我没出门，都没怎么注意到。"

女主人的本意是表达自己对这个话题并不关心，结果他却继续说："对啊……我早上骑着共享单车去公司，结果突然下雨了，把我整个人都淋湿了。我没办法，只好回去换衣服，弄好之后到公司已经迟到了。我们主管又特别凶，根本不听我解释，说我这个月已经迟到很多次了，再迟到就要开除我。我真是太冤了，每天晚上都加班到次日凌晨，早上起不来不是很正常吗？谁让他们每天给我安排那么多事儿……"

话说到这里，他才想起自己是来推销产品的，但女主人已经不想听他多说了，只想送客。

这位推销员的工作和生活有坎坷，心情压抑，需要找人倾诉可以理解，但他却选择在和客户沟通的时候说这些，很明显并非明智之举。

当你需要说服别人的时候，你得树立起一个光明、温暖、值得信任的形象，让对方相信你掌握的信息很全面，提出的建议很值得采纳。如果你一味沉浸在自己的世界里自怨自艾，就会给人留下脆弱甚至无能的印象，你的话自然也没什么沟通效力了。

打破自言自语式沟通的困局，可以从寻找共同点开始。

如果碰上一个爱好和你大相径庭的人，他喜欢的东西你只是偶然听说过，勉强能说个大概，没办法细聊，那么你可以从他的话语中找出一些感兴趣的点，引到你喜欢的东西或者想讨论的话题上去。一般来说，讨论的内容越大众、越不需要门槛，对话就越好进行。比如讨论社会热点，对受害者的同情、对施害者的愤慨，很容易引起你们的共鸣。

如果你是一个爱好比较小众的人，那么，面对喜欢大众流行文化的人，就可以通过寻找共同点把话题往他那边靠。比如，你爱听西洋古典乐，尤其喜欢肖邦；而对方喜欢听流行乐，青春期是在周杰伦的歌曲的陪伴下度过的，那么，你在介绍完自己的爱好后可以说："周杰伦也很喜欢肖邦，好几首歌里都提到了他。"这样一来，你们的爱好就有了交集，谈话也能更顺畅地进行下去。

再次，学会捧场。

在中国传统曲艺节目对口相声里，一般有两种角色：一种是逗哏，负责叙述主要情节，不断说出笑料逗人发笑；一种是捧哏，负责配合逗哏。大家常常把逗哏当主角，其实，很多时候表演的节奏都靠捧哏来把握，一些不那么明显的玩笑也靠捧哏来强调，过分的玩笑还靠捧哏来找补。

我们在沟通时，也可以适当地当一当捧哏，学会捧场，不要总把话语权垄断在自己手里。比如，听完对方在公司遭遇的一些不公正待遇后，可以说："我懂，如果我是你，我也会跟你有一样的感受。"或者，"天哪，代入一下，我真的要生气了，他们怎么能这样对你？"这样，对方能感受到你的理解和关心，也会回报给你更多支持。

最后，还有一个小技巧：多用"你呢？"

很多人无论是在回答别人的提问，还是完成自己的叙述时，都很不注意结尾，只想着把自己这部分说完就可以了。

如果对方问你吃饭没有，你仅仅回答一个"吃了"或者"没有"，会显得冷冰冰的。别人来问你，是关心你，想要获取更多关于你的信息。如果你答而不问，就会像参加面试一样，被动又生硬。对方要么进行下一个提问，要么尴尬地自问自答，并且会觉得你是个"聊天终结者"。

正确的做法是，在回答完对方的提问后，加一句"你呢？"

"你到家了吗？""已经到啦。你呢？"

"你周末一般做什么？""看看书或者电影。你呢？"

在和朋友倾诉烦恼的时候也是如此。尽管朋友是我们可以依赖和信任的对象，但亲密关系不是我们无止境消耗他人的借口。

在你叙述完自己的抱怨后，也需要问对方一句："你呢，最近有没有什么烦恼？之前那个让你很烦的同事怎么样了，还有之前追过你的那个人还在追你吗？"

简单的几句话，就为对方打开了倾诉的口子，同时也是在温柔地暗示："此前谢谢你做我的情绪垃圾桶，现在，换我来当你的后盾了。"

没有人天生就该当别人的"树洞"，自言自语式的表达会强化他人的"工具人"感，对沟通有害无益。

我们要避免自问自答、自怨自艾，而是要通过寻找共同点、不时捧场和在结尾多问"你呢？"，以此走出沟通误区，展现自己的社交魅力。

"我们"比"我"有用

"我们"和"我"只有一字之差，但在沟通中的效果却完全不同。现代管理学大师彼得·德鲁克曾说，沟通必须在"我们"之间进行，否则便是无效的。

回想一下，你在生活中是否碰见过这样的人：说十句话有八句用"我"开头，满口"我觉得""我认为"或者"我想要"。

这类人往往会给人留下过于以自我为中心的负面印象，甚至被看作不好相处、不好合作的人。

其实，只要做一点小小的改变，把"我"换成"我们"，沟通就会顺利得多，因为听者的感受截然不同。

首先，"我们"可以彰显自己谦虚的态度，让对方感受到双方是平等的。沟通时，我们很多时候面临着身份和地位的不对等，比如学生和老师、老板和员工、长辈和晚辈等。

当我们身居上位的时候，使用"我们"一词能够迅速拉近和对方的距离，表明我们并非高高在上，给对方大胆开口说话的信心。

在课堂上，一位老师想确认学生们是否听懂了知识点，于是说："我说的你们都明白了吗？"

台下鸦雀无声，没有一个人敢点头，也没有一个人敢举手提问。这是因为他的话语里暗含着一种"我"和"你们"的不平等对立，让学生们感受到的是应该保持沉默的紧张感而非可以各抒己见的轻松氛围。如果他能把句子换成"咱们听明白了吗"，效果会好得多。

其次，"我们"二字可以消弭对峙心理，向对方传达：我和你是站在一边的。身份对立会让对方产生戒备心理，不愿深入沟通。

一个学生考试不及格，当着老师和家长的面伤心大哭。大家轮番上阵，有让她"不要伤心"的，有让她"坚强起来，正视失败"的，还有说"我来帮你看看出了什么问题"的，结果小女孩不仅没停止哭泣，反而哭得更厉害了。这些话虽然在表达关心，但话里话外都在反复强调她是一个有问题的个体，而其他人是来审判她的。这样一来，孩子会产生对立情绪，在自己的心灵世界筑起一道道防线，宁愿一个人躲在里面伤心难过，也不愿意和外界沟通。

多亏一个经验丰富的老教师及时赶来，温柔地说："我们这次是不是考得不满意呀？咱俩一起来看看好不好？"

这句话一下子把她从孤立无援的处境里拉了出来。通过这个"我们"，学生感受到了老师和自己是统一战线的，有什么问题可以随时求助，所以愿意放下戒备，开口说话，依靠老师的力量走出困境。

我们都有过走进陌生饭馆点菜的经历。面对琳琅满目的菜单无从下手，反反复复、磨磨蹭蹭，最后连老板都看不下去了。当他不耐烦地问你点什么菜时，你会怎么回答呢？

如果你说"你这里有啥"，他可能面无表情地给你报出几样价格昂贵的菜品。但是如果你说"咱们这里有啥"，一下子就会消除主客之间的对立，显得你非常捧场，他一般就会热情地给你介绍几道招牌菜。你吃到了美食，他赚到了钱，大家皆大欢喜。

再次，比起"我"，"我们"可以给对方带来更强的参与感。

曾经有心理学家研究过夫妻的相处模式。他们发现，在日常对话中常用"我们"的夫妻，感情更好；而频繁使用"我"和"你"的夫妻，摩擦和矛盾也更多。因为"我们"一词往往提醒着夫妻双方，二人正处在一种亲密关系中，需要共同参与、团结协作，以创造更美好的生活。

一对夫妻面临感情破裂，向咨询师寻求帮助。

丈夫说："我每天上班很辛苦，回家什么也不想干。我只想洗个热水澡，舒舒服服睡一觉。但她总是让我洗碗、扫地，还啰里啰唆的，我真的受不了！"

妻子说："你上班辛苦，我就不辛苦了吗？凭什么我下了班还要给你做饭、洗衣服？我就不累不困吗？我多说几句你还觉得烦，这样的日子我真是一天都不想过了！"

场面正紧张的时候，咨询师建议他们把话语中的人称代词"我"换成"我们"，一起重新说一遍刚才的话，于是变成了："我们上班很累，很辛苦，回家什么都不想干。我们只想休息。"

很明显，二人的诉求其实是一样的。所以问题很好解决，要么在外面吃，付出更多的经济成本；要么在家里吃，然后一起分担家务活。"我"变成"我们"之后，即使在生活琐事上，夫妻双方也成了利益共同体，而非对立面。二人需要一起参与到事情中，不仅要考虑如何按自己的想法行事，维护自己的利益，也要体谅对方的难处，照顾对方的感受，用两全其美的方案解决问题。

"我们"比"我"有用不仅体现在亲密关系中，在公众场合表达时也是如此。

有这样一则笑话：

一位厂长在发言，他慷慨激昂地说："我想要提高产能，我要让利润翻倍。我认为，厂里现在最大的问题就是效率不高。我觉得，这个问题必须解决。我希望每个员工都提出自己的建议，帮助我解决问题。"

结果没有一个人愿意提建议，大家都觉得和自己没关系。厂长的这段话中出现了六个"我"，却没有一个"我们"。这样的发言让听者毫无参与感，只能感受到这一切都是他一个人的想法和主张，而不是需要所有人齐心协力解决的问题。

最后，与人交谈时，"我们"可以把对方变成自己人，而"我"则容易划清界限，加深别人对你自私自利、自高自大的印象。

尤其是在谈判和销售中，适当地运用同理心策略，减少对方的戒备心和抵触情绪，工作就能更好地开展下去。

某金牌经纪人曾举过这样一个例子：

一次，某品牌方想找他们公司的艺人合作，但该艺人没有档期，所以公司这边要帮忙回绝。可是公司不希望给品牌方留下不好合作的印象，而且除了该艺人，公司有好几位同样优质的艺人值得合作。所以，这位经纪人在说明了具体情况、表达了遗憾之后，说："咱们这次是想找走甜美可爱路线的艺人合作吗？我们也可以考虑下×××和××哟！"

她一下子推荐了好几个同类型的艺人，让对方感受到她真的是在设身处地地帮忙解决问题。最终品牌方欣然接受她的建议，和她推荐的艺人进行了合作。

通过说"我们"，可以表明自己的谦逊态度，消除对方的戒备心理，增强对方的参与感，从而建立信任，进行良好的互动。

因此，少说"我"，多说"我们"，你的沟通一定会事半功倍。

注意身体语言和微表情

　　沟通包括通过语言文字符号进行的语言文字沟通，也包括利用其他符号系统进行的非语言沟通。

　　尽管美国著名心理学家、传播学家艾伯特·梅拉比安早就提出了"55387定律"沟通公式（具体内容是指，人类表达的全部信息=55%肢体语言+38%声音+7%语言文字内容），还是有很多人在日常沟通中并未重视身体语言和微表情这类非语言沟通的方式。

　　身体语言是指人们在交谈、听讲时调动全身各部位做出来的动作，包括有意识的和无意识的，它们都在传达信息。而我们做出各种表情时，除了常见的饱满表情可以表达我们的情绪，一些在脸上一闪而过的微表情也具有极大的参考价值，而且往往是我们发现情绪真相的关键。

　　首先，身体语言和微表情能帮助我们识别焦虑和紧张情绪。当人感到焦虑和紧张时，会不自觉地做一些标志性动作，比如眨眼、咬嘴唇、舔嘴唇、不停地玩手指等。

有些人会喜欢触摸自己，比如摸自己的脸、下巴和嘴巴。这是因为婴幼儿时期，父母常常用触碰的方式安抚我们，所以当我们缺乏安全感时，也会采取同样的方式安慰自己。有些人喜欢抖动腿脚，似乎进入某种高频的节奏中能够缓解他们的焦虑。

当你在沟通的场合发现对方做出以上列举的这些小动作时，那么恭喜你，你有机会占据主导地位了。

如果你在等待面试或者演讲时十分焦虑和紧张，那么我建议你尽量避免重复这些举动，否则你的不安会以最快的速度传递给周围的人，让你在后续的交流中处于不利地位。

其次，身体语言和微表情可以进行信息暗示。

如果有人双手抱胸，说明他防范意识很高；说话的时候单肩耸动，说明他很不自信，话语的真实性就有待确认；有人说话时不自觉地摸眉毛，可能是心怀愧疚；如果问问题时眉毛上扬，有可能是明知故问；真正的吃惊表情往往是转瞬即逝的，如果对方能维持好一阵子，说明是装的；脚尖的朝向往往是我们想去的地方，比如在别人家做客，当你想回家时，脚尖就会不自觉朝向门外。这样的例子还有很多，甚至许多人开始把它们应用到识别他人的谎言上。

人类微表情研究表明，叙述人如果眼球下意识地往左下方看，表明在回忆，说的是真话；如果往右下方看，表明在说谎，因为谎言需要的不是回忆，而是编造。

　　说谎者在突然被问到一个问题时，会重复对方的问题，给自己争取圆谎的时间。比如，被问到"这本书是不是你偷的"，本来可以迅速做出"是"或者"不是"的回答，但他会选择重复一遍问题再作答："这本书是不是我偷的？很显然，不是。"

　　说谎者的眼神也是不那么好捕捉的信号。虽然我们认为说谎者往往眼神飘忽或者习惯躲闪别人的目光，但一些具有反侦察能力的说谎者会故意睁大眼睛盯着你，毕竟，他们也需要通过眼神交流来判断你是否相信他们说的话。

　　所以，我们需要注意表情和肢体语言，但也不能过度依赖。

　　"尽信书，不如无书。"在做判断时，要把身体语言和微表情综合起来进行考虑。而且，身体语言既然身为"语言"，就必然会有"方言"，因此需要结合情境解读。

　　相同的情绪，不同地方的人会用不同的动作来表达，或者同一个动作在不同国家和地区，文化内涵也各有不同。例如，同样是竖起大拇指，在国内代表称赞，在欧美经常被用来表示想搭便车，在一些非洲国家却有时候是表示侮辱。

　　同时，身体语言是一种个性化的语言，需要考虑到个体之间的差异。每个人都有独一无二的性格、家庭背景和教育经历。有些人用大笑表示开心，另一些人却用它掩饰尴尬。因而，要考虑到每个人的特殊情况。

　　与人沟通的时候，我们也要运用好自己的肢体语言和微表情。

积极的肢体语言和微表情可以快速感染其他人，让别人更加理解和接受我们的意见。

最廉价和实惠的社交货币就是笑容。研究证明，在相隔30米的情况下，微笑是唯一能被人辨别出来的表情。

不过，微笑有两种类型：发自内心的微笑和假笑。其区别在于，前者会带动眼角肌肉，挤出鱼尾纹；而后者只需要动动嘴巴，让嘴角上扬。发自内心的微笑会让你看起来情绪稳定、气场强大，也能让人感受到你的真诚和乐观，继而吸引更多人和你交流，建立更多良性社交关系。

昂首挺胸也是一种展露自信的方式。试问，一个弯腰驼背、满脸阴郁的人，和一个抬头挺胸、面带微笑的人，你会更愿意和谁合作呢？很明显是后者。

无论是站是坐，我们都要尽量保持稳当端正，双肩平齐，收起双下巴。据说，哈布斯堡王室的后代练习仪态时会在脖子上系上冬青树枝，让树枝顶着下巴，久而久之，他们的下巴就会永远保持上扬，尽显王室尊贵大方的气质。

最后，在和他人进行眼神交流的时候，我们也要学会控制自己的微表情。当我们不自信或者感受到威胁和恐惧时，会不自觉地看向他处；出现负面情绪时，更会习惯性地低头。

在谈判时，如果你眼睛向下看，会被解读为有屈从的倾向。但我也不建议直接盯着或瞪着对方，以免显出挑衅的意味。在一般场合，我们可以尽量平视对方，眼神流露出真诚和善意即可。

还有一个常常被忽略的身体语言，那就是呼吸。不知道你有没有注意到，在日常生活中，调节压力最常用的方法就是深呼吸。这是因为大脑在进入战斗状态时，需要快速吸入氧气来维持各部件的运行。换言之，如果你呼吸急促，会让人感觉你正受到威胁，无法保持冷静。

在调整状态时，你需要小心地控制呼吸节奏，向周围释放出自信的信号。同时，放慢呼吸也相当于在告诉大脑："放松，一切都好。"从而重新回到镇静状态。

根据美国心理学家保罗·艾克曼的说法，人主要有六种情绪表达：惊讶、厌恶、愤怒、恐惧、悲伤和愉悦。

而现代人在节奏快、压力大的社会生活中，控制和伪装情绪的时候远多于抒发真情实感的时候。

所以，注意身体语言和微表情，不仅可以帮助我们识别对方的情绪，领会到对方在沟通时的真实意图，而且有利于我们展现自己积极自信的一面，以便获得更多认可。

沟通要遵循原则，切忌漫谈

为了提高沟通质量和效率，避免陷入漫谈的误区，我们应当遵循四个沟通原则。

1. 沟通要有目的性

沟通虽然未必每次都能达成某种协议、某个目标，但都是带有目的性的：可能是为了学习，通过与他人的交谈获得知识；可能是为了交往，与他人建立良好的人际关系；也可能是为了玩乐，享受当前的体验；还可能是为了说服对方，让对方接受自己的观点、服从自己的决策等。

小王好不容易把喜欢的女生约出来一起吃饭，却不敢表明自己的心意，只能有一搭没一搭地闲聊。

　　他一会儿说这家店的环境很好，一会儿说不知道明天天气怎么样。发现气氛有些尴尬后，他又开始聊天文地理，试图树立一个良好的形象。

　　结果弄得女生莫名其妙，最后二人只好不欢而散。

　　因此，在与人沟通时，请你想一想沟通的目的，不要漫无边际，东一榔头西一棒槌地表达观点。

2. 沟通要有选择性

　　在沟通过程中，其实我们一直都在做选择，选择自己的沟通对象、讲话方式、表达内容等。针对不同的沟通对象，我们要选择相应的话题与交流方式。

　　比如，对于内向、好面子的人，我们在讲话时就要委婉一点，以免不经意间伤了对方的自尊心；对于某些专业性比较强的话题，我们就应该多与专业人员讨论，如果我们与对某专业内容完全不知晓的人交流，那么只会浪费时间。

　　在幼儿园工作的小夏每天要和许多家长打交道。

　　有的家长年龄比较大，是隔代家长；有的家长工作繁忙，说起话来总是匆匆忙忙的；有的家长对小孩期望值很高，要求特别严格。

　　刚入职时，小夏总是喜欢根据自己习惯的语言逻辑应对所有家长，和他们谈小孩在学校的各种表现，但沟通效果并不好。

　　后来，小夏学会了因人而异地进行沟通。比如，爷爷奶奶辈的家长比较娇惯小孩，更关心小孩在学校吃得怎样、睡得好不好，有没有人欺负小孩之类的事，很少关心其他问题。遇到这种情况，首先要向家长反映小孩在园内的生活情况，让对方放心；然后要适度宣传新时代的育儿观和教育理念，鼓励他们用更科学的态度参与到小孩成长的方方面面。

　　再比如，有些家长对后代的期望值过高。

　　小夏在和这类家长谈及小孩出现的注意力不集中、不能融入集体等问题时，往往会避免单刀直入。

　　忠言之所以逆耳，就是因为它会伤害到人们的感情。一旦家长感到自尊心受伤，很可能会产生过激情绪，甚至把气撒在小孩身上，对孩子进行非理性地打骂，造成恶性循环。所以小夏会尽量措辞委婉，运用先扬后抑的技巧，便于家长接受，从而让他们更好地配合自己的工作。

　　深层次地沟通，关键在于沟通的质量，而精准高效也是沟通质量高的一个判断标准。所以，要有选择地进行沟通，以促成高质量地沟通。

3. 沟通要有间断性

所谓沟通的间断性，指的是将连续的沟通过程分成一个个小片段，将其中的一些片段定为原因，其他的片段定为结果。

沟通是一个连续的过程，它并没有清晰的开头与结尾，沟通的间断性是我们根据沟通的原因和结果人为划分的。

分段式沟通可以帮助我们控制对话节奏，让话语更有条理，避免出现输出信息太多或太少的情况。

李雪买了两只猫，还没养几天就发现自己怀孕了，没办法继续照看，只能将猫送走。

于是，她找到好朋友，说："给你看我的猫猫，超级可爱。"

她连续发了好些图片和视频给对方。朋友也觉得猫很可爱，羡慕地说："哇，太羡慕啦，我不知道你还养了两只这么可爱的猫！"

李雪说："是啊，我真的很喜欢它们。可是……"

对方说："怎么啦？"

她继续说："可是我怀孕了，没办法继续养了，不知道能把它们送到哪里去……"

朋友听完，说："天哪，恭喜你要当妈妈了！这可是喜事呀，别垂头丧气的，你的猫我可以替你养，别担心！"

三言两语之间，问题就解决了。

　　李雪没有一开始就冒昧地要求朋友帮她养猫，而是一步一步来，把整个沟通过程拆解成几个小部分，从介绍自己的猫开始，到透露自己怀孕的消息，再到表达对猫咪何去何从的担忧。

　　每个阶段，李雪都给对方提供了新的信息，让对方体会到自己的难处，并且让对方愿意伸出援手。

　　当沟通陷入瓶颈时，将沟通的进程进行间断性地划分，有助于我们找到问题的症结，从而解决问题，使沟通继续正常进行。

　　刚进入大学时，艾丽对一切感到很新奇，时常口无遮拦。

　　一次，她在校门口遇见一个同学，两个人分享起最近生活里的趣事。

　　正好旁边走过一群身着飘逸汉服的学姐，艾丽看着她们飞扬的裙摆，感慨地说："哇，真好看啊！可惜像我们这种不好看的人，肯定没办法穿出这种效果了。"

　　同学附和道："是啊，还是穿普通衣服比较好。"

　　同学说着，低头看了看自己身上的灰色运动服。此后再聊什么，同学都显得意兴阑珊，最后借口要去吃饭，便匆匆离开了。

　　事后艾丽将两人的沟通进行复盘，分成几个小段来看，发现在讨论学姐们的汉服时，自己无意识地表达出"认为同学很丑"的意思。

　　这位同学平时就有些自卑，艾丽赶紧去跟她道歉，说自己只是无心之言，两个人很快重归于好了。

4. 沟通应降低"噪声"干扰

沟通中的"噪声"，指的是妨碍信息接收的干扰，并非仅仅指物理上影响人们工作、学习、休息的声音。

沟通中的"噪声"主要包括四种：

（1）物理"噪声"

即影响沟通当事人信息传输的外部声音，比如汽车的引擎声、建筑工地的施工声、电风扇的声音等。

（2）生理"噪声"

即由沟通当事人自身的生理问题而产生的阻碍，比如听力、视力障碍，发音不准，记忆缺失等。

（3）心理"噪声"

即对沟通当事人产生的精神上的干扰，比如固执的想法、对对方的偏见、注意力不集中等。尤其当其中一方对另一方怀有抵触、轻视等心理时，就很容易产生心理"噪声"，沟通便很难再进行下去。

（4）语义"噪声"

即沟通当事人对沟通内容有不同的理解而导致沟通不畅，比如语言不通、使用了专业术语或方言、说话模棱两可等。

语言学家认为，所有沟通中都或多或少存在着某种模糊性。

比如"马上""很快""立刻""稍等"之类的词语，我们无法确定其代表的具体时间。

再比如，"他是个大嘴巴"这句话，不同的人可能就有不同的理解。有人可能会理解为"他的嘴巴长得比较大"，也有人可能会理解为"他不会保守秘密，总是说漏嘴"。

我们无法完全消除"噪声"，但可以减弱"噪声"对谈话的影响。

比如选择合适的交谈场所，提升非语言信息的传递与接收能力，增强自己的心理能力，尽量准确地表达自己的观点等，从而提高发出信息和接收信息的准确性，尽可能减少"噪声"干扰，让双方的交流可以顺利进行下去。降低沟通"噪声"，才能让谈话更有质量。

同时，沟通也要注重宁缺毋滥。

话不在多，对方能明白就行。有时候我们担心别人听不懂我们的话，所以会尽量进行全面地表达。

阿亮看见室友在吃薯片、喝可乐，想劝他少吃垃圾食品，于是他说："薯片虽然很好吃，但是经过油炸，还放了很多添加剂。可乐好喝的原因是含糖量太高，但人类每天摄入的糖分不能太多，如果太多，会影响身体机能，还会……"

说了大半天，他都没能把那句"少吃零食"说出来。侃侃而谈会让对方抓不住我们的表达重点，从而产生听觉疲劳。

重视提问的机会

课堂上，我们常常听到老师问："有什么疑问吗？"

现场往往一片寂静，没有人敢举手发言。

面试时，我们也常常听到面试官问："你有什么要问我们的吗？"

这时候如果保持沉默，你的录取通知书恐怕就要拱手送人了。

为什么大家如此害怕提问？

首要的原因，是自身知识储备不够。

当你接收到的信息是杂乱的、不成系统的，且是没有条理的，你就会像只无头苍蝇一样，没办法进行梳理归纳。

当然，你自然也分不清楚哪些是已经掌握的内容，哪些是需要提问的知识盲区。

其次，你害怕提出"蠢问题"，给对方留下不好的印象。

如果问题太低级，会让人怀疑自己的实力；如果问题太天马行空，又会让人觉得自己不切实际。

但你想想，越快暴露自己的问题的学生，是不是越容易得到老师的注意和指导，也就能更快地纠正错误、弥补不足呢？

准确、恰当的优质提问能够让我们快速获取自己需要的信息，提高沟通效率。

我们不仅要重视提问的机会，要敢于提问，也要拥有会提问的能力。

很多人在提问时容易陷入以下误区：

误区一：偏离主题

这句话你一定说过也听过很多次："唉，我刚刚说到哪儿了？"

在对话中，我们常常会不自觉地转移话题，很难等到话题A结束再过渡到话题B，而是在聊话题A的过程中突然想起话题B，就开始问起相关的事。

重复几次后，话题就会越跑越偏，以致都想不起来最初是在聊什么了。

比如，你最开始是在和室友讨论晚上吃什么；然后想起外面新开了一家奶茶店，你想去看看；又想到这家奶茶店本来开在电影城那边，而电影城最近上演了好几部口碑不错的电影，其中有一部还是你喜欢的明星主演的，他最近上了一个很火的综艺节目，这个综艺节目昨天上了热搜，原因是恶意剪辑，这种综艺节目还是少看为好……

最初沟通的目的是确定晚上吃什么，结果讨论了半天，最后的决定是不看综艺节目，与最初的目的差了十万八千里。

可见，人们很容易被无关的信息干扰。所以，我们需要有意识地限制内容范围，并在偏离主题的时候通过提问把话题拉回来。

误区二：表意不明

小王和小李是同一家公司的员工。

小王业务能力强，颇受领导器重。

小李能力平平，但十分上进。

小李看到小王接连拿下了好几个项目，还谈成了一个大客户，他羡慕不已，就想向小王讨教讨教。

于是，小李问小王："这些事，你是怎么做到的？"

小王只好说："努力。"

令小王感到为难的是，小李提的问题太空泛了。如果问题换成"此前听说项目里有同事觉得分工不当，你是怎么处理的？""这个客户的要求很高，你是怎么搞定他的？"等等，小王可能就会悉心地将自己的经验分享给小李。

妻子新学了一道川菜——水煮肉片，周末下厨，做了好几样菜。

面对一桌子美味佳肴，丈夫吃得不亦乐乎。

妻子问："怎么样？"

丈夫说："什么怎么样？"

妻子继续说："菜怎么样？"

丈夫敷衍地说："不错。"

妻子忍不住了："我是说这个水煮肉片，味道怎么样？"

丈夫这才明白过来妻子是在邀功呢，他连忙说："好吃，好吃！今天最好吃的就是它了！"

丈夫一直没能领会妻子的意思，因为她的提问指向模糊，不够精准。

表意不明一般是问题太大引起的。

提的问题越具体，得到的回答也会越明确。

误区三：夹带过多个人情绪

在交流中每个人都不可避免会带着情绪。

一个出租车司机因为和家人吵架，心情糟糕到极点，出车时遇到乘客叫车，他虽然将车停在路边，但很不耐烦。

乘客迷迷糊糊，连续两次报错了目的地，惹得司机大声呵斥："你到底知不知道要去哪里？"

虽然他没有使用侮辱性词语，但也传递出了强烈的不友善情绪。

在工作中，我们应当把个人情绪和工作情绪分开，作为服务行业从业人员，司机这样做是极其不专业的表现。

向他人提问题时要尽量客观，避免夹带过多个人情绪。

少用"你到底""你究竟"之类的话，为双方的沟通提供友善的环境。

误区四：让对方做是非题

小张在公司上班，女朋友叶子在医院当护士。

虽然不在一起工作，但小张希望更多地了解叶子每天在干什么。

小张问："你每天忙不忙？"

叶子说："忙。"

小张继续问："早上是不是很早就要到医院？"

叶子说："是的。"

小张又问："那事情多的时候，晚上会不会加班？"

叶子答："会。"

一番问答下来，小张不仅没得到更多有效信息，两人之间的氛围还更尴尬了。

比起"忙不忙""是不是""会不会"，小张可以选择换一种提问方式，把话语权更多地交到对方手里，并且让她感受到自己的关心和体贴。

譬如，今天过得好吗？上班感觉怎么样？今晚医院有什么事吗？想吃什么，我给你点个外卖吧？

在提问的时候，如果希望对方能够通过回答提供尽可能多的信息，就不要总是让对方做是非题，这样一来，对方只能用"对"和"错"来描述状况、回答问题。

误区五：把面试当闲聊

如果提问是为了查漏补缺、提升自己，那么我们就不要害怕提出低级的问题。但在面试这样的正式场合，我们需要展现自己的实力，赢得别人的认可，而提问是难得的主动表达的机会，所以一定要把握好，不能浪费了机会。

　　缺乏经验的职场新人在面试的提问环节很容易问出一些类似闲聊的问题，比如"员工每天在哪儿吃饭""员工每天怎么到公司"。这些问题跟工作内容没什么必要联系。有人甚至在想不出问什么问题时，直接说："没什么要问的。"把面试当成普通的聊天草率地结束掉。

　　针对这种情况，我们有三个应对思路。

　　第一，从工作本身入手：如果我接手了这份工作，我的一天一般是怎么度过的？这项工作最大的挑战是什么？这类问题会让面试官感受到我们积极求职的态度，同时也能增进我们对岗位的了解。

　　第二，从工作能力入手：我需要学习什么才能更好地胜任这份工作？因为员工缺乏什么技能才会导致需要招聘新人？这类提问不仅能向面试官展现我们好学、上进的品质，也有机会替自己加分，可以在交流过程中提到之前没有谈到的优势和成绩。

　　第三，从面试流程入手：面试之后还有什么安排吗？需要我提供什么材料吗？当然，千万不要提那些在网上随便搜一搜就能得到答案的问题，那只会让面试官感到你对这场面试一点也不重视。

第二章　注重沟通效果

观察对方的反应

在确立有效沟通之前，我们首先要注意的是观察对方的反应，包括对方在谈话开始前的整体状态，他们所展现的肢体语言、面部表情以及在沟通过程中对这件事情的态度和观点。

许多善于观察的人往往能够敏锐地注意到，有时候自己正滔滔不绝地讲述一件事情，而对方早已眼神飘忽、心不在焉，能给出的回应仅限于敷衍地点点头。

在对方注意力已经明显不集中的情况下，继续自己的发言实际上收效甚微。无效沟通往往是因为在交流中对对方反应的关注度远远不够。

我曾经有一位朋友，她时常因为一些琐事跟先生吵架，而每一次吵架的内容都和上一次相差无几，无非是你埋怨我不洗碗，我痛斥你不洗澡。这说明她没能和先生建立起有效的沟通机制。

原来，每次她选择的沟通时间，都是她先生疲劳或者情绪低落得不想说话的时候。因而，许多用对话能解决的问题，最后都变成无效的情绪发泄。

在对话开始之前，不如先平复情绪，理清逻辑，挑一个合适的时间，在双方情绪稳定、注意力集中并且沟通欲望较为强烈的时候展开对话。

在整个对话过程中，我们只有时刻注意观察对方的反应，并适当调整自己的叙述策略，才能达到满意的沟通效果。在某些必要的时候甚至可以直接点明：你是不是已经听困了，需不需要我们另找时间来讨论这个问题？

用一些委婉的表达暗示自己还没有讲完，以及自己非常重视这一次沟通，希望对方也能认真对待。

这样的策略不光可以用于严肃的商业谈判，同样可以用于生活中的日常对话。

比如家里的小朋友不按要求整理内务，乱丢玩具，或没有养成良好的生活习惯，家长只是一味地斥责是没有效果的。

我们应该观察孩子对自己提议的反应，明确孩子的需求，制定一个切实可行的目标，允许孩子慢慢过渡，而不是想当然地要求孩子按照我们的想法去做，这样的沟通往往没有效果，还会激起孩子的逆反心理。

沟通对象的反应首先可以从其面部表情直接地反映出来。

有些时候是无意识的面部微表情，有些时候则会发出一些明显的信号，比如说打哈欠、视线转移、双眼圆睁等。

在沟通的过程中，首先我们一定要注意接收这些信息，因为很可能对方也在运用这些方式积极地暗示对话的走向。

其次是身体姿态表达出来的信息。

比如频繁看表、摆弄手机、不断叹气或双手抱臂之类的防卫性姿态，也能暗示我们对话的效果。

我们在得到对方的反馈后，要时刻注意调整自己的叙述，是要掐头去尾直切要点，还是要一五一十详尽细致，这些都要根据对方的反应来定。

沟通的意义有时候就在于对方接收到了什么、回应了什么，而不是你说了什么。如果对方给予的回应是正向的，我们的沟通意愿就会更强烈，沟通过程就会更顺畅，沟通的效果也会更好。

我们喜爱的许多表演艺术家和主持人，在主持节目面对观众的时候需要调动他们的情绪，主导对话的节奏，来营造良好的氛围。

他们之所以每次都能达到沟通的效果，很大程度上得益于他们会对观众的反应做出审慎的观察。我们可以说自己想说的话，但是要用对方能接受的方式表达出来，改变说的方法，才有机会改变听的效果。

相声表演艺术家杨少华有一次表演相声，现场观众的素养水平参差不齐，有很多观众没有听相声的习惯，也不了解相声艺术。

就在他开始表演之前，一位人气歌星刚刚下场，观众还沉浸在上一个节目的情绪中，看到杨少华上来以后纷纷起哄。

杨少华见状，转身就下场了。

等到观众在疑惑中渐渐平复情绪，场内嘘声越来越小的时候，他才从幕后出现。

台下又开始起哄，他又转身离开了。

就这样反反复复几个来回，观众都被调动起了好奇心，想看看这位演员究竟要干什么。

杨少华此刻大大方方地站在台上说："看来各位都累了？"

话音刚落，观众哄堂大笑，演出也在顺利地进行。

杨少华在面对冷场时之所以能从容镇定，是源于他对观众心理的掌握。

在人们还没有准备好开始的时候，先要尽可能吸引住对方的注意力，充分利用观众的好奇心，才能成功地赢得他们的尊重和赞赏。

在日常生活的沟通中，我们也需要观察对方的反应，使用不同的沟通策略。

有一次，我的朋友接到六岁儿子的电话。刚一接通，孩子就在电话里大哭不止，说妈妈不讲信用，说好要到幼儿园接他，却没来，还骂她是骗子。

朋友一听，立马解释说自己加班非常辛苦，希望儿子能理解。

孩子听完后，在电话那头哭得更加惊天动地了。

　　她立刻意识到，此刻需要的不是讲道理，而是安抚孩子的情绪。于是她说："妈妈答应你的事情没有做到，你一定很伤心，妈妈也觉得做得不对。你在家里先和小熊玩一会儿，妈妈很快就回去陪你，好吗？等我们见面了，妈妈一定给你一个大大的拥抱，下一次妈妈一定准时去接你，好吗？"

　　慢慢地，她的儿子平静了下来。

　　有时候我们很难意识到自己正在进行审问式地对话，不注意对方的反馈，把对方的沉默当作对自己的认可。

　　我的一位朋友在面对自己步入青春期的女儿时，总感到交流越来越困难，通常刚说上两句话，孩子就已经戴上耳机，表现出明显的不耐烦。

　　后来，她意识到自己一直喜欢问孩子"这次考试排名怎么样""最近你的同学都在上什么补习班"之类的问题，忽略了女儿听到这些话之后的心情。

　　她及时调整了自己的沟通策略，尽量挑选一些孩子喜欢的话题作为交谈的内容。

　　她让孩子尽可能多发言，不再咄咄逼人、居高临下地进行评论，而是试着倾听和理解孩子的想法。

　　最终，她们母女的关系好转，现在几乎是无话不谈了。

　　在工作中，我们面对领导时也要注意谈话的技巧。

　　要时刻关注对方的反应，根据对方的反应判断自己所说的内容是否合适、是否是领导需要的，给领导一种踏实可靠的印象。

在一些必要的场合，比如演讲或谈判的时候，更需要通过上述方式和技巧从竞争对手的反应中获取信息，这样才能抢占先机，取得成功。

开口需谨慎，让对方先开口

好多人都曾经因为自己贸然开口而感到尴尬，也曾经为自己说错话而感到后悔。

说话是一件需要谨慎的事情，很多情况下都不能随便开口。

三思而后言。我们说话前，一定要对发言的内容有一个大致的把握，就像写作文前要先列一个提纲，这样才能做到紧扣主题。

有些话能不能说、在什么场合说、应该怎么说等，在开口前就要想好。等到开口时再去想，就来不及了。

某学校曾出现过这样的场景：一名高三的学生，因为没有完成作业而被老师要求请了家长。

这位家长从老师办公室出来以后，对站在走廊上的孩子破口大骂。

其间，孩子一言不发，过道上来来往往的都是他的同学，大家不时对他们指指点点。

这样的场景给我们敲响了警钟。

很多人觉得家人之间相处不应该太过拘谨，说话应该无所顾忌，但正是这份无所顾忌会造成严重的后果。

很多时候，最伤害人心的言行，恰恰来自最亲密的人。

如果对这个少年横加指责的是陌生人，他也许不会太在意，因为对方在他的人生里只是一个可有可无的角色。可是他面对的是最爱自己、对自己最有期待的家长，一旦他感受到自己辜负了对方的厚爱，就会觉得自己"没用"。

所以，身为家长，我们不应该因为一些小事就把小孩当成出气筒，这样只会让事态更糟糕。

一个年轻人与门口的保安发生争执，警察赶来后，年轻人认为警察偏袒对方，所以气急败坏，出言不逊。

年轻人又主动挑衅，用难以入耳的脏话侮辱保安，最后被怒火攻心的保安捅成了重伤。

这样的事情告诉我们，对待任何人，都不能口无遮拦，也就是我们常说的"嘴下留德"。

有的人一生都在"戒多言"，因为他们深深懂得"言多必失"的道理。

我们在生活中总会不可避免地以自我为中心，当我们站在自己的角度去想问题的时候，总是会放大自己的感受；当对方提出意见的时候，我们常会认为对方在"找借口"，这样的裂隙很可能造成无法挽回的误会。

小月和小王是一对异地恋的情侣。

小月每天都会给小王发信息，但小王因为工作很忙，所以很少回复消息。

小月非常委屈，总是疑心对方是不是不爱自己了，所以更加频繁地联系对方，打探对方生活的每一个细节。

她渐渐发现，自己的追问遭到了对方的强烈抗拒。

她跟朋友哭诉说："我很关心他，我每天都跟他说我遇到的事情，跟他谈我们的未来，可他就像一个木头人一样。"

她的朋友问她："你认真地听过他说话吗？"

小月回忆了一下他们的对话，通常都是她在说，小王在听。

这时候，她才意识到他们的沟通是单向的，她只顾着说自己的，而对方早已关闭了沟通渠道。

后来，小月认真地和小王谈了一次话。

这一次，她请对方先说，小王终于敞开心扉，直言自己的压力很大，怕和她多说会把坏情绪传染给她。两人后来重归于好。

建立第一印象：巧妙破冰

"第一印象"指的是在短时间内以片面的资料为依据所形成的印象。

研究发现，两个人初次会面，在四十五秒钟内，双方就会不自觉地根据性别、年龄、长相、表情、姿态、身材、衣着打扮等，判断对方的内在素养和个性特征。

这一最初的印象会对我们的社会知觉产生较强的影响，并且占据着主导地位，也就是我们常说的"先入为主"，心理学上称之为"首因效应"。

如果一个人在初次见面时能够给人留下良好的印象，那么人们就愿意和他继续接触。

反之，如果一个初次见面就引起对方反感的人，很难在之后的相处中证明自己，在某些极端的情况下甚至会让对方产生对抗心理。

这种先入为主的第一印象是人的普遍的主观性倾向，这一印象虽然并不总是正确的，但却是最鲜明、最牢固的，并且贯穿于双方交往的开始、过程和结果。

因此，建立良好的第一印象是十分必要的。

如果我们生活经验丰富，社会阅历深厚，就能将首因效应的作用控制在最低限度。

社会心理学家艾根在1977年的研究中发现，我们在与人相遇之初，可以按照"SOLER"模式来表现自己。

这里的"SOLER"是指由五个英文单词的首字母组成的专用术语。

其中，S（Sit）表示坐要面对别人；O（Open）表示姿势要自然开放；L（Lean）表示身体微微前倾；E（Eye）表示目光接触；R（Relax）表示放松。

用"SOLER"模式表现出来的含义就是"我对你十分尊重，对你的发言很感兴趣，我内心是接纳你的，请随意"。

根据调查，在实际生活中有效运用"SOLER"模式可以明显增加他人的接纳性，在对方心目中建立良好的第一印象。

著名心理学家卡耐基也在《如何赢得朋友及影响他人》一书中总结了六条给人留下良好印象的途径，分别是：真诚地关心别人；微笑；多提别人的名字；做一个耐心的倾听者，鼓励别人谈他们自己；谈论符合别人兴趣的话题；以真诚的方式让别人感到他自己很重要。

当我们与陌生人面对面交谈时，有时会感到手足无措，有时会发生尴尬和冷场，要想打破这块社交"坚冰"，就需要我们更加主动，借助"破冰"，跟对方建立起基本的联结与信赖，此后要做的，就是加强联结跟扩大话题了。

没有人是一座孤岛，我们只需要找到正确的方法，就一定能够走进对方的世界，除去交往的屏障和藩篱。

关于这场关键的破冰行动，建议从三个方面去调整沟通策略。

首先，要让对方知道"我是谁"。自我介绍的目的不在于我们说了多少，而在于对方记住了多少，所以绝不能只是把自己的平生经历一五一十和盘托出，而是要有针对性地精简个人信息，确保信息的清晰简洁。

比如，首先介绍自己的姓名和职业，再试着找到双方共同的关系，在交际圈或者同领域内寻找合适的话题。在我们这样的人情社会，同校、同乡、同事以及有共同的爱好等常常能共同编织成精密、复杂的人脉网络，这些都可以变成你引荐别人或介绍自己的关键点。

只要能找到你们共同的记忆，甚至是拉出一张熟悉的关系网，那么破冰就会容易很多。

比如，许多世界500强企业的员工已经形成了人才关系网，他们大多有"大厂"实习的经验和双一流大学的文凭，这样就可以保证在沟通时迅速拉近关系。

其次，寻找共同的爱好，在破冰对话中也很实用。

但这需要我们做好前期的调查，还要有一双善于发现的眼睛。

比如对方办公室的装潢、书架上的书、喜欢的音乐，都体现了对方的个人品位。

这里要注意，在面对具有合作关系的商业伙伴时，共同爱好只是一个拉近距离的方式，并不需要全情投入，适度沟通即可，要将话题引导到正题上去。

另外，如果想用共同爱好来拉近距离，需要我们平时对生活加以更多的关注和积累。

比如，小王有一位客户平时不苟言笑，很难沟通，谈话气氛每次都十分尴尬。

有一次，小王在该客户的办公室听到了自己熟悉的古典音乐。

他惊讶地问对方是不是也喜欢卡拉扬指挥演出的版本。

就这样，双方通过共同的音乐爱好拉近了彼此的距离。

在对方表示对你和话题有所关注时，我们可以试着推进一步，表现出我们不仅有共同关系，我还特别关注你的样子，这样才能让对方印象更加深刻。

比如和导师见面，可以提前做好功课，在对方研究的领域挑选一些合适的话题；如果是和客户见面，则可以从客户近期的演讲、发言以及对方公司近期在做的主要项目等入手。

这其实是在表达：我是真的关心你。这样才能营造出一种和谐、亲切的氛围来。

比如，很多商场的销售人员在向顾客介绍商品前，总会先找到一些共同的话题，营造出一种"我和你一样"的感觉，预先把对顾客的关切传递过去。

一旦你这样做了，顾客也会更好沟通，更容易相信销售人员和他们推荐的商品。这里要特别注意的是，表达关切的目的是缩短社交距离，因此一定要控制好表达关切的尺度，不要超出两个陌生人初次见面的社交距离，不要触及对方的个人隐私和痛处，不要给对方一种被冒犯的感觉。

在对话过程中，我们要注意引导话题的节奏，掌控话题的走向，并最终达成自己沟通的目的。

交流结束后，记得把自己的联系方式交给对方，并在接下来的几天里保持联系。这样的举动能够加深对方的记忆，表达自己对这段关系的重视，在对话中提到的一些事物，比如某本书或者某部电影，记得在离开后将链接分享给对方，再附上一些合乎对方心意的话，这样再次见面也很容易找到朋友的感觉。

再次，"破冰"结束后也不要着急，我们还要试着有意识地经营与沟通对象的关系。

试想，在一系列"破冰行动"结束后，我们不能任由这段关系随着时间的推移而冷却，这个时候就需要我们对双方未来的关系经营成什么样要有一个规划，无论是工作伙伴还是朋友，都需要我们花费精力和时间去夯实自己在对方心目中的印象。

不过，按照记忆曲线的原理，即使我们什么都做到位了，对方还是很有可能会快速忘记我们。

因此，尽量在"破冰"的三天内和对方再进行一些互动，可以发一些对方感兴趣的文章或音乐，这样就能有效避免对方的快速遗忘。

最后，在这里总结一些万能问题。这些问题通常没有明确的对错，属于开放性的问题，可以应对多元化的回答，避免对方过度思考而陷入冷场或双方意见相左而发生冲突。

（1）你最喜欢的电影、角色、运动是什么？为什么？

（2）如果你可以重温一次生活的某个时刻，那会是什么时刻？

（3）你真正想拥有的一件东西是什么？为什么？

（4）如果你可以去世界上的任何地方，你会去哪儿？为什么？

（5）你曾经做过的最好的工作是什么？最差的工作又是什么？

（6）请说说对你影响最深的一次度假。

拉近距离，学会适度幽默

最先将"幽默"一词的英文翻译成中文的学者林语堂先生曾说："达观的人生观、率直无伪的态度，加上炉火纯青的技巧，再以轻松愉快的方式表达出你的观点，这便是幽默。"

"幽默"并不都是深思熟虑的产物，更多的是自然而然的表达。在与人沟通的过程中，学会适度幽默，能够活跃气氛，化解尴尬，有时还会带来意想不到的惊喜。

曾经有一位先生在餐馆里进餐，忽然发现菜汤里有一只苍蝇。

他叫来服务员，生气地挖苦说："请问，这东西在我的汤里干什么？"

服务员弯下腰，仔细看了半天，回答道："先生，它是在仰泳！"

餐馆里的顾客被逗得捧腹大笑。

在这种情况下，无论服务员如何解释、道歉，都只会受到尖锐刻薄的批评，甚至会引起顾客的愤怒。但幽默的回复把他从困境中解救出来，使气氛得以缓和。

要想变得幽默，首先要注意积累，提高文化修养。

只有知识储备丰富了，素材和案例充足了，认识问题和语言表达的能力才能提高。丰厚的知识会让我们的表达具有深度和广度，幽默的对话自然能让人会心一笑。

为此，我们可以多积累一些常用的歇后语、俗语、成语和专有名词，多听有趣的故事，接近有趣的人，这样才可能在看似没有准备的情况下"随意成趣"。

在德云社一次大型的演出中，高峰和栾云平这对搭档在中场时上台，刚好在郭德纲和于谦之后。

当时，观众中一些人离座出去上厕所或打电话。

在场面略显尴尬之时，高峰随机应变，说道："看得出来，观众对我们也是十分喜欢，你看我们一上来，他们就都走了。观众朋友需要休息休息，可以理解。为什么呢？相声专场七点半开始演出，大家坐了三个多小时，需要上厕所去放松放松。郭老师呢，站在台上也很累，也需要放松放松。所以我们演出的这段时间呢，就是观众上厕所、郭老师喝水的时间。"

这样一来，观众都被他的幽默和机智逗乐了，演出也进行得十分顺利。

其次，要保持幽默的心态。

法国思想家拉布吕耶尔就曾说过："幽默是生活波涛中的救生圈。"

正因它的存在，世界才充满了欢乐。幽默是一种才华，是一种力量，或者说是人类面对共同的生活困境而创造出来的一种安慰剂。

美国总统林肯出身贫寒，九岁时母亲去世；二十四岁时做生意失败；三十五岁开始竞选公职，却几乎输掉了每一次重大竞选……

他的一生充满了磨难，但他选择用幽默的心态去面对生活，甚至当他的政敌攻击他其貌不扬的时候，他也常常使用幽默的方式化解尴尬。

在竞选总统时，他与民主党人道格拉斯辩论，道格拉斯攻击他是两面派。对此，林肯从容不迫地回答："现在请大家来评评看，要是我有另一副面孔，您认为我会戴上这副面孔吗？"

此话一出，人们立刻从林肯幽默的回答中感受到他的智慧。

但是，我们一定要谨记，真正的幽默跟低级趣味有着本质的不同，一定要警惕低俗的幽默。

万事万物都有一个"尺度"，只有在一定的"尺度"之内，才能称之为幽默。如果超过了这个范围，那就不再是幽默了，只会惹人生厌。

此前爆火的茶颜悦色奶茶店，因为周边物料上印有歧视女性的文案而备受争议。

这样不尊重女性的文案被发现后立刻引起轩然大波，茶颜悦色马上进行了道歉，称印在杯子上的文案是本地方言，本来是想用幽默的方式推广产品，然而没有把握好尺度。

这个案例警示我们，在想要开玩笑的时候，一定要先考虑对方会不会觉得好笑，如果夹带私货，打擦边球，必定会遭到反噬。

最后，我要分享一些幽默技巧，它们能够帮助我们展现出幽默的一面，但要注意，这些方法是经过加工和提炼的，只有实际运用到生活中，幽默能力才能得到锻炼和发展，因此一定要多开口说话，多和身边的人练习。

第一个技巧是"自嘲法"。

"自嘲法"原本是幽默情节交叉技巧的表现形式之一，即在幽默作品中赋予喜剧性人物一种特殊的气质和性格。当人物遭遇挫折，难以实现愿望时，以自我解嘲、贬低、歪曲事物或事件的价值和意义来获得精神上的满足和成功，从而形成一种与观赏者在对该事物或事件实际价值和意义的正常评价方面的理解交叉。

比如，南非前总统曼德拉有一次在全非洲领导人参加的重要会议上演讲，因为年龄大了，不小心把讲稿的页次弄乱了，他边整理讲稿边风趣地说："你们要原谅一个老人把讲稿的页次弄乱，不过我知道在座的有一位总统，也曾经把讲稿弄乱，但是与我不同的是，他没有发现而是照样往下念。"

此言一出，因为演讲中断而带来的尴尬也随之烟消云散。

第二个技巧是"谐音双关法"。

谐音双关是幽默语言交叉技巧中常用的一种方法，即利用词语的同音或近音条件构成双重意义，使字面含义和实际含义产生不谐调交叉。

谐音双关以语音为纽带，将两个毫不相干的词义联系在一起，使听者通过联想领悟说话者的幽默感。

第三个技巧是"歪解幽默法"。

这是以一种轻松的态度，对一个问题进行出人意料的解释，硬将两个毫不沾边的东西凑到一起，以造成不谐调交叉的技巧。

请看下面这段对话：

"先生，请问到银行怎么走？"

"这很容易，你在大街上到处说你要贷款。过不了多久，就会有银行职员来找你。你就可以去银行了。"

这就是使用了"歪解"的方式，达到出其不意的效果。

第四个技巧是"反语幽默法"。

这里是指用相反的词语表达本意，使反语和本意之间形成交叉。

"反语幽默法"的重点在于以反语语义的相互对立为前提，依靠具体语言环境的正反两种语义的联系，把相对立的双重意义辅以其他手段，如语言符号和语调的衬托使对方由字面的含义悟及其反面的本意，从而达到活跃气氛的目的。比如，作家夏衍在他的名作《包身工》中写道："有几个'慈祥'的老板到小菜场去收集一些莴苣的菜叶，用盐一浸，这就是她们难得的佳肴。"这里面"慈祥""佳肴"两词就是反语，意在取笑、讽刺老板。

第五个技巧是"语义双关法"。

语义双关是利用词语的多义性，即词语的本义和引申义，使语句所表达的内容出现两种不同的解释，彼此之间产生双关。比如，南朝乐府《子夜歌》中说："空织无经纬，求匹理自难。"字面上是说织布匹，实际上指男女情感，就用了双关的手法。

有些词语本无多义性，但在特定条件下受上下文影响，也可带有某种双关的含义，产生含蓄的幽默效果。

赞美对方，建立好感

美国心理学家罗森塔尔于20世纪60年代末期通过实验研究发现，如果教师认为某些孩子聪明，对他们有积极期望，那么若干月后，这些孩子就会真的更聪明，智商更高。相比之下，没有得到教师这种积极期望的孩子，发展就较为迟缓。

可实际上，这两类孩子原来并没有什么差别，因而他们智力发展的差异只能用教师期望的不同来解释。

罗森塔尔借助皮格马利翁神话，将这种现象称为"皮格马利翁效应"。

这个实验能够帮助我们认识到，赞美对于一个人来说是多么的重要。

无论是大人还是小孩，无论是男性还是女性，都希望获得来自社会或他人的理解和赞美，从而让自己的自尊心获得满足。当我们真诚地赞美别人时，对方也会由衷地感到高兴，并对我们产生一种好感。

赞美是一门学问，这门学问既是人人都会的，又不是人人都能做好的，因此，我们要梳理一下赞美别人需要掌握的技巧和方法。

首先，我们赞美别人的时候一定要有真实的情感体验。

英国专门研究社会关系的卡斯利博士曾说："大多数人选择朋友都是根据对方是否真诚而决定的。"如果你与人交往不是真心诚意的，那么要与他人建立良好的人际关系是不可能的。因此，夸赞别人时最好能够发自内心，这样的赞美不需要过多地矫饰，反而能够直抵人心。只有真诚地赞美，才能让对方体会到你对这段情谊的重视。

不过，在夸赞的过程中既要充分表现我们的真诚情感，也要做到实事求是。

一些过分夸张的赞美言辞很有可能被误解为奉承，不仅会令对方感到窘迫，还会降低自己的诚意。

因此，我们要尽量做到克制自己的情感，始终保持冷静的头脑以及令人信服的语调，这样才更容易被别人认同。

美国历史上有一位著名的总经理史考伯，他来自美国某家钢铁公司。

有记者曾经问他："您的老板为何愿意一年付给您超过一百万的薪水呢？您到底有什么本事能拿到这么多的钱？"

史考伯回答说："我对钢铁懂得不多，但我最大的本事是能让员工积极起来。而鼓舞员工的最佳方法，就是表现出对他们真诚的赞赏和鼓励。"

史考伯即使是死后也没有忘记赞美人。在他的墓碑上，有这样一句话："这里躺着一个善于与那些比他更聪明的下属打交道的人。"

其次，赞美要注意审时度势、因人制宜、用词得当。

每一个人的情况不同，所以赞美应该因人而异。

突出区别和特点的赞美比一般化的赞美能收到更好的效果。比如：一些老人喜欢回忆以前发生的事，所以同他们交谈时，可以多提及他们引以为豪的过去；对于冲劲十足的年轻人，不妨语气稍微夸张地赞扬他的创造才能和开拓精神；对于经商的人，可称赞他生财有道；对于干部，可称赞他为民办实事；对于知识分子，可称赞他见多识广。

有一天，小张在公园见到自己的同事小王和他的爱人在散步。

小王长相有点显老，而夫人却保养得很好。

小张对王夫人说道："你长得好年轻啊，看上去比小王小二十岁，我还以为你们是父女呢。"

此言一出，小王气得脸都绿了，顿足而去。

小王之所以这样，就在于小张赞美不当。

说话的关键有时候不在于说什么，而在于怎么说。

比如，你看见一个朋友发了一张自己的新照片，可能已经有很多人在照片下面留言"哇，真美""穿裙子真好看""身材真好"
等，但我们应该尝试一些与众不同的赞美，比如"这张照片的构图
好棒啊，色调看起来特别温柔，简直是欧美大片级摄影"。

　　再次，我们可以试着赞美别人自己也认可的优点，但要注意
"边际效益递减"原则：如果一个人自我感觉年龄很大，你却赞美
他看上去很年轻，他会觉得你虚伪；如果一个人以温和为美德，你
却赞美他为人激进，他也会不快乐。

　　恰当的赞美，一定要赞美对方自己也认可的优点。

　　这就要求我们要善于观察、善于总结。一般来说，一个人想要
向外界展示的，正是他自认为得意的，也就是他自己也认可的。

　　巴尔扎克曾说，第一个形容女人为花者是聪明人，第二个这样
形容的就一般了，第三个纯粹就是笨蛋。

　　这就告诉我们，赞美别人切忌人云亦云，要夸出新意，夸出
特点。

　　爱因斯坦就曾说过，别人赞美他聪明，他一点都不激动。作为
大科学家，他听腻了这样的话，但如果赞美他小提琴拉得不错，他
一定会兴高采烈。

　　每天都对别人说一样的话，夸赞一样的内容，会让人感到敷衍
和乏味。

　　对同一个人的赞美需要不时换一点新的花样，找出那个人自己
都没有发现的闪光点，从不同角度、不同方面赞美他（她）。

最后，赞美别人应当翔实具体，填充细节。

上级对下级、老师对学生、父母对孩子应多多使用这种方法。

一位母亲教儿子做饭，为了让儿子乐意并学会做菜，她就采取每天表扬一点的方法，比如今天夸奖他盐放得刚好，明天又赞美他炒的菜色泽好。

就这样，儿子越来越自信，每天都在赞美声中进步。不知不觉中，她卸下了家务的担子，而她的儿子也干得有声有色。

在日常生活中，大多数人都是普通的劳动者，因此，与人交往时更应从具体的日常事件入手，善于发现对方的长处，并不失时机地予以赞美。赞美用语愈翔实具体，说明你对对方愈了解，让对方感到你的真挚，你与对方的距离才会越来越近。

法国的拿破仑就非常了解赞美的力量，他总能给平凡的士兵以鼓励。

他主张对士兵"不用皮鞭而用荣誉来进行管理"。

他认为：一个在伙伴面前受到体罚的人，是不可能愿意为你效命疆场的。

为了激发和培养士兵的荣誉感，拿破仑对每一位立过功的士兵都要加以鼓励，而且会在全军进行广泛地宣传，通过这些赞美去激励士兵勇敢地战斗。

爱听赞美的话是人的天性，人应该活在掌声之中。

人人都喜欢积极的正能量，而不是负面的消极影响。如果在平时的人际交往中我们愿意赞美他人，掌握赞美的技巧，善于夸奖他人的长处，那么在与人相处的时候也会多一分理解和快乐。

请不要吝啬你的赞美，多给予你身边的人一些赞美，让他们知道，你一直在默默地关注着他们。

表达需求，学会说服对方

一位作家说，语言是洞察人类心智的窗口。

我们都知道，在人际交往过程中，良好的表达能力往往能够使人际关系变得更加和谐。但在表达的过程中，我们总是不可避免地遇到双方观点不同的情况，如果处理不好，往往会对人际关系产生或大或小的伤害，因此，我们很有必要掌握一些说服技巧和应变技巧。

在表达需求的时候，我们可以试着站在对方的立场去思考问题。

俗话说"知己知彼，百战不殆"，其实很多时候，"说服"之所以不能生效，并不是因为我们没把道理讲清楚，而是因为双方都只站在各自的立场上，不能从对方的角度看问题。如果我们能利用"说服"的技巧，让对方站在我们的角度思考，那沟通的效果一定是事半功倍的。

小张是一位安全检查员。

有一次，公司交给她一项任务：检查工人戴安全帽的情况。

开始时，小张看到那些没戴安全帽的工人，总是不留情面地批评一通。

工人当时是听了，可事后还是不遵守制度，遇到脾气不好的工人，还会用家乡话辱骂她。

后来，她注意到男同事在办事时总是事先递上一根烟，说着说着就跟对方找到了共同的话题，慢慢地拉近了关系。但她不抽烟，所以只能想别的办法。

有一天，她看见几个没有戴安全帽的工人，她先是微笑着跟对方打招呼，然后问道："是不是安全帽戴在头上不舒服？是因为大小不合适吗？"

工人见她态度热情，也就说了实话，说天气有点热，戴着觉得麻烦。

小张一反常态地跟工人唠起了家常，问他们老家在哪儿、家里都有什么人。此后，她切入正题："出门在外工作，背井离乡的，确实不容易。现在天气是很热，但我希望大家还是戴上安全帽，这万一从上面落点什么东西，安全帽就是保命的装备。你们可都是家里的顶梁柱，为了自己的安全，也为了家里的老小，也许是热一点，可总比拿生命冒险要好，是不是？"

工人们听了她的话都觉得有道理，尤其是想到家里的人，许多人也不敢再大意了。

　　最终，小张不仅完成了工作任务，说服了工人，还赢得了大家的好感。

　　人与人之间的沟通交流，实际上就是情感的交流和心灵的碰撞。因为每个人的生长环境不同，对很多事的看法难免存在分歧，想要别人赞同自己的观点，就一定要在最大程度上激发对方的同理心。

　　听者可以通过我们的神态和姿态感受到我们的态度，如果我们居高临下，摆出颐指气使的样子，就很难让对方产生好感，对方自然不会尝试与我们共情，也不会理解我们的立场。

　　在说服对方的时候，要做到"动之以情，晓之以理"。

　　小王在公司工作两年了，想要向老板请求加薪。

　　他来到老板的办公室，说："我进入公司已经两年多了，虽然不是老员工，但我对公司的感情很深，您的知遇之恩我也一直放在心里。我知道公司的资金很紧张，但增加工资后，我没了后顾之忧，更能全心全意为公司带来更大的收益。"

　　这番话既表明了自己的难处，也体谅了公司的难处，于情于理都十分打动人，老板痛快地给他加了工资。

　　还有一个故事，发生在春秋战国时期。

　　赵惠文王薨逝，孝成王即位，他的母亲赵太后摄政。

　　秦国趁乱大举进攻，赵太后向齐国求救，齐国提出条件，以赵太后的小儿子长安君为人质才能出兵，赵太后拒绝了齐国的要求。

大臣们纷纷劝赵太后以国家为重，赵太后始终不同意。

赵国大臣触龙来见赵太后，没有直陈其意，而是说自己年老体衰，但好久没见赵太后，特来问候一下，接着又问赵太后饮食如何，然后请求太后为自己的小儿子安排一个职位，顺理成章地把话题引到自己如何疼爱小儿子上。

同样疼爱小儿子的赵太后自然对这个话题感兴趣。

等引起赵太后的共鸣后，他又说起赵太后的女儿燕后的事情来，点明父母爱子，则为之计深远。

触龙自始至终都没有提到让长安君做人质的事，但他以聊家常的方式，最终说服赵太后同意让长安君去齐国做人质。

从这个故事中，我们能感觉到，这样的一番恳谈是任何人都无法拒绝的。

触龙既将心比心，充分体谅对方的难处，又指出不做这件事的后果。

要说服他人，特别是刚开始时对自己持反对意见的人，一定要多从感情上下功夫。不管多么固执的人，都有柔软的一面。如果能用感情打动他，他内心的堡垒自然就可以被攻破。

其实，这也是一种心理战术，因为双方在较量时，往往彼此都会认为对方是敌人而不是朋友，从而产生一种防范心理。这时候，我们需要给予暗示，表示自己与对方是朋友而不是敌人，是为了帮助他而不是操纵他。

我们还可以尝试以退为进的策略。

比如，我们将某一项艰巨的工作交给别人时，在明知对方会感到不满意的情况下，先一步说自己感到十分抱歉，但是这项工作非他莫属。对于这样的表达，对方便不好意思拒绝或表示不满了。

有时候，我们会在酒桌上遇到迟到或说错话的人，他们在意识到问题后，往往会提出"自罚三杯"，这样一般就不会被为难了，因为很少有人会对一个已经做过自我检讨的人再横加指责。

还要注意的是，在说服对方的过程中，一定要注意尊重对方，顾全对方的面子，不要让对方下不来台。

毕竟谁都不愿意被当众指责，更不愿意被别人支配。

比如，在职场中，因为同事没有掌握全部情况，你与对方产生了分歧。

为了说服对方，你可以这样说："当然，我可以理解你的想法，因为你对很多事情还不了解。"或者说："最初，我也是这样想的，但当我了解到全部情况后，就知道自己错了。"

这样的表达可以让对方体面地收回先前的立场，你们之间的关系也不会受到负面影响，这也是我们常说的"给对方一个台阶下"。

曾经有一位中学老师接管了一个很难管理的班级，正好赶上学校安排劳动，这个班的学生坐在阴凉处，谁也不肯干活，老师怎么说都不起作用。

后来，这位老师想到了一个办法。

他跟学生说："我知道你们都是好孩子，不是不愿意干活，只是现在太热了。既然是这样，我们就等太阳下山后再干活，现在我们可以痛痛快快地玩一玩。"

学生听了之后非常开心，在说说笑笑的玩乐中接受了老师的安排，没等太阳下山就开始愉快地劳动了。

委婉说"不"，用好挡箭牌

学会拒绝，委婉说"不"，既是对自己的尊重，又是对他人的尊重。

委曲求全地说"好"，有时候是对自己的伤害，更是对他人的纵容。

有时候，拒绝容易招致对方的误解，给人的感觉不够友善。所以，面对许多不合理的要求，我们要学会巧妙地使用一些挡箭牌来脱身。

对于拒绝别人这件事，有些人干脆利索，有些人则优柔寡断，给自己带来许多纠结和痛苦。只有学会拒绝别人，我们才能解脱自己。

第一声"不"说出去或许会很难，但当那一声"不"说出口时，我们就卸下了一些包袱，因为我们在为自己的人生减负，它恰好是高价值的表现。

真正有能力、有魄力的人，都懂得"拒绝"这一堂课对个人发展的重要性，懂得每个人都有拒绝的权利。

只有"自私"一点，才能提升自己的价值，进而提升自己的吸引力。如果因为心软，选择了妥协，耽误了时间，不只是当下感到不值，未来也极有可能遭遇艰难的人生。我们不应该把别人的负担背在自己身上，这是对自己的残忍。

那么，应该如何委婉地拒绝别人呢？

首先，一定要用和蔼可亲的方式拒绝。在拒绝他人的同时，尽量不伤害对方的情绪，找一个合适的理由，给对方留下好的印象。

如果情绪过于激动或言辞过于直接，就会给人留下一种"你并非在拒绝"，而是"对他有所不满"的不好印象。

如果对方礼貌地请求，那么我们委婉地拒绝，通常对方会表示理解。当自己不能对别人所托之事提供帮助时，也可以在讲明原委之后，帮助对方想一些其他的办法作为备选方案。可以利用补偿心理，使对方的情感得到补偿，这样可以减少对方的失望感。

在面对孩子时，有时候家长必要的拒绝能够帮助孩子成长，不要为拒绝孩子感到愧疚。对孩子来说，有时被拒绝是很重要的，这能使他们更有自制力。家长在设定边界、制定规矩的同时，也能树立权威，在原则上不做让步。

我一位同事的孩子总是不愿意洗澡，经常想尽办法躲避洗澡，而这位同事很溺爱孩子，常常任由他去。后来，孩子因为出去玩，回家后没有及时清洗，得了很严重的皮肤病，得不偿失。

其次，当别人提出一些很不合理的请求时，我们要干脆利落地回绝。

因为办事要讲原则，不符合原则的事坚决不能办，不能为保持关系、维持友谊而丧失立场。

不论什么样的关系，该拒绝的一定要拒绝。但同时要注意说话方式的灵活性，根据人际关系和语言交往的内容，采取灵活的策略，要做到原则性和灵活性的统一。

如果我们不想多做纠缠，也可以直接使用短语，如"不好意思，我现在不方便"或"实在抱歉，我不能帮忙"，再加上表示拒绝的身体语言，坚定而决绝地强调你没有时间，不会去做这件事。

这里的道歉只是出于素养和礼貌，重要的是让对方知道，他的要求并不合理。

再次，有时候对方还未开口说话，我们就会了解到对方的意图。这种情况下，我们可以主动出击，把请求扼杀在摇篮里。在别人向你请求前，告诉他们你没有时间或没有能力。

沟通是双向的，请求也是如此。先于对方开口，既能有效地暗示对方不要做无用功，也能避免尴尬和冷场。

如果对方能够接收到你的信息，那么必定会斟酌这个请求是否仍要说出口，当你最终拒绝时，对方也没有理由责怪你。

有时候，拖延也可以解决很多问题。

当你使用这种方式忽视对方的请求时，对方也能感觉到你可能并不想要帮助他，也并不重视他的请求。

比如，对方要求你做某件事情，你可以说："我现在没有时间，我也不知道自己什么时候忙完，你可以先去找别人帮忙。"

话说到这里，很多人就知道这是被拒绝了，也就不会再自讨没趣了。

当然，这是一种不太尊重别人的行为，不到万不得已，不建议这样做，毕竟老是拖延不给准信，是很不符合社交礼仪的做法。

敷衍式的拒绝也是很实用的一种拒绝方法。

"敷衍"是在不便明言回绝的情况下，含糊其辞，让对方自己去揣测意思，运用好了会取得良好的效果。

有一次，庄子向监河侯借钱，监河侯敷衍地说："再过一段时间，等我去收租，收齐了，就借你三百金。"

监河侯的敷衍很有意思，既没有说自己不借，也没有说具体什么时候借给他。既不得罪人，又没有损失利益。

许多人难以拒绝别人的原因，还在于认为自己的时间没有别人的珍贵。

我们不应该把自己定位为廉价劳动力，当群体中的那个老好人，否则谁都会来麻烦我们。

比如，你上班的时候，每天都主动把办公室打扫得干干净净。时间久了，别人都把这当成了习惯，当成了理所当然的事，并没有人因此感激你。

直到突然有一天，你忘记了打扫办公室，他们看到办公室乱糟糟的，感到奇怪，甚至会因此埋怨你。

其实，他们早就忘记了，从一开始，你根本就没有打扫办公室的义务。

生活并不容易，每个人都在负重前行。生活不会对谁网开一面，谁也不知道未来会发生什么，如果我们不能在漫长的旅途中为自己减负，身上的担子只会压得越来越重，那么我们梦想的星辰大海也就不可能到达了。

学会拒绝，学会说"不"，能够让我们的步伐更加轻盈。

专注于你的目的，不要跑题

不论是日常生活中的普通对话，还是精心准备的演讲和报告，总会面临一个关键的问题，就是能否准确地传递有效的信息。

毕竟沟通的效果不在于我们说了多少，而在于对方接收到了多少。这就要求我们要牢牢抓住沟通的核心，紧紧地把握住对话的节奏，不要随意发挥。那么怎样才能专注于我们的目的，不跑题呢？

首先，我们应该明确不能把握主题的原因，再根据问题寻找应对的办法。

当一个人思绪比较混乱时，是很难找到表达的主线的，他往往自己都不知道讲话要达到什么样的目的。

这时，表达就很容易没有章法，不只是讲话内容杂乱无章，有时候还会重复同样的话。

这就说明，对于问题的核心部分，还没有做到确切地把握。

如果讲话涉及的内容太多，毫无主线，从一个问题引申到另一个问题，从这个人联想起另一个人，那么只会导致什么问题都没说清楚。一旦思维跟不上嘴巴，很容易说着说着就跑题，收不住了。

因此，我们需要练习把话"收回来"，也就是及时对表达进行"刹车"。

在讲述的时候，最好有一个清晰的思路，知道什么时候应该把话题拓展出去，插叙一些其他事情；什么时候应该把话题拉回到主题上，完成一个完整的表达。

对谈话的主题要有确切地把握，这样才能深入地思考和分析，深挖问题背后的原因，试着运用理性思维和辩证思维，对整件事做全局判断。

比如，要想组织一场研讨会，就应该对研讨的主题做一个规划，对参与对话的人员提出什么样的问题合适，根据不同的嘉宾进行不一样的设计，并且明确希望通过对话得到什么目的。

如果只是和陌生的朋友在一起聊天，那你的目标也许是认识对方，当目标确定之后，谈话才有方向。

为了防止对话过于枯燥，因直切重点而显得干瘪生硬，可以用一些与话题相关的花边内容装点对话。

就像一棵树不能只有树干，枝叶也是必须存在的。

某位企业家有一次在高校演讲，看到在座的都是初出茅庐的学生，于是没有直接谈论他的成功学秘籍，而是谈起了他的校园生活，成功调动起了学生们的兴趣。

　　注意培养缜密清晰的逻辑思维能力也是至关重要的。

　　思维是一种积极和有目的的认知活动。

　　我们能够说出什么样的话，与我们的思维有直接的关系。面对一个问题或者谈话的主题，如果你能发散自己的思维，运用不同的思维方式去思考它们，那么你的谈话内容就会更有深度，也更容易抓住重点。

　　有一次，主持人何炅在主持节目时，看到提词器上写着："我看到身边两位已经几个月没见过大众评审了，两位歌手此刻开心得像拿了'歌王'，就喜欢你们这种没见过'世面'的样子。"

　　他没有按照提示去念，而是说："两位已经几个月没有在这个演播厅看到我们大众评审了，两位歌手脸上孩子般的笑容，好像已经提前拿了'歌王'。其实我对你们激动的心情感同身受，虽然每年决赛我都会见到这么多的观众，但是今天看到这么多的朋友来到现场，我还是从心里感到深深的震撼。再次欢迎各位，欢迎你们。"

　　这种临场应变的能力，就是何炅有意识地调整思维的结果。

　　所以，当你需要表达或者发言时，一定要培养这种"自我察觉"的思维意识，尽量通过合理的逻辑分析，运用发散思维、聚敛思维或逆向思维等进行推理，构建自己的看法，只要我们不断积累经验，思维就会变得越来越缜密、越来越有条理。

　　我们在沟通过程中还可以使用一些其他的技巧来围绕主题掌控

节奏。比如观点同频法，指的是根据对方说的话，提炼出来他的观点和态度，试着与他保持同一个频率："哎呀，我们想的真是一模一样！""你也这样认为？"

因为人们总是对与自己观点相近的人抱有好感，两个人三观相合往往更容易谈得来。跟客户相处也一样，当他觉得你的观点跟他同频，他就更愿意听你接下来的发言。

任何时候，说话都要说到点子上，这是表达能力里最基本的一项。

常常跑题的人往往思维更加跳脱。

具有这种说话习惯的人，讲话总是喜欢添枝加叶，看似说得很全面，问题的每一个方面都考虑到，都讲得很详细，其实很多内容跟主题压根没有什么关系。

听众听完后也总是一头雾水，自然很难从这些话语中抓住重点，给予恰当的回应。也就是说，一个表达能力强的人，不仅懂得抓住别人说话的重点，给予相应的回应，而且自己说话也能做到层次分明、重点突出，让别人理解到你说的中心思想是什么，只有这样，大家的交流才能形成有来有往的良性互动态势。

总之，我们在沟通的过程中，一定要谨记以下要诀：

牢牢把握住主题思想，让自己接下来的沟通都围绕着这个主题。哪怕是随意地聊天，也可以试着计划好一个主线，让自己围绕这个主线向下延伸。

　　要记得有过渡和穿插，如果你的主题是要祝福一对新人百年好合，那么可以试着举出一个你观察到的他们相爱的例子，然后升华主题，讲述自己的感想，再送上自己的祝福。层层递进，强调重点。

　　与此同时，我们在讲话的时候还要根据听众的特点、文化程度、思想水平、性格特点、年龄层次等，来确定本次讲话的主题。只有这样，我们的沟通才能取得效果，我们的演讲才能赢得听众的认可和喝彩。

第三章　运用沟通技巧

有效沟通的方法
——读《简单的逻辑学》有感

《简单的逻辑学》是美国著名逻辑学家、哲学教授D.Q.麦克伦尼的作品。

他在书中介绍了逻辑学的基本原理和技巧，期待读者能够应用到思考、表达和沟通等实践中去。

"逻辑"是沟通的基石，掌握这个工具，沟通会更有效果。

麦克伦尼教授在书中提出了许多看起来很简单，实际上却难以回答的问题。比如，当你说话的时候，你究竟在说什么？

沟通的本质，就是匹配观念和语言，并且使用语言为观念建立起连贯的陈述，即用话把自己脑子里想的东西说出来。但具体用什么话来说，需要我们认真思考和筛选。

如果你在约别人见面的时候说"我们明天九点见"，那么很可能对方明天早上九点就开始等你，但你是晚上九点才来。

你脑海里的想法是"晚上九点"，表达时却没有加限定词，让人家误以为是"早上九点"。观念和语言不匹配，导致沟通出现问题，约见就会失败。

对于凳子、床等一些客观事物，人类几千年的历史让我们对它们有约定俗成的称呼，不至于混淆而阻碍沟通。

这种观念与客观事物的关系是简单明了的，麦克伦尼教授称之为"简单观念"。

比如，语言里的"猫"对应的就是我们大脑中想象的那类动物，所以提到它时不需要进行多余地解释。

但对于一些只存在于大脑中的主观观念，我们没办法在客观世界里找到对应的名目，此时应该怎么办呢？

比如，低谷期的你觉得生活里的阴霾不堪忍受，决定放下工作出去旅行。当你看到长河落日的壮丽景象时，感觉自己之前的烦恼变得小如米粒，天地一下子开阔了许多。你兴奋得想和朋友分享这种心情，却不知道如何开口。

首先，我们当然要避免使用模糊和多义的语言，因为它们容易产生歧义。如果你只是简单说一句"太美了"，对方很难体会到你的感受。

其次，不要用断断续续的词语表达，要尽量说完整的句子。

别因为兴奋就乱说一气："旅行，外面，很美，快乐，不烦了！"这样的语言只是把不同的观念糅合到了一起，并没有告诉对方它们是如何产生联系的，没有逻辑链。

第一个很有用的办法，是讲清楚背景信息。

麦克伦尼教授说："不要想当然地认为你的听众会领悟你没有直接表达的意思。"

需要表达的东西越复杂，这个原则越重要。

很多时候我们急于开始自己的讲述，却没有意识到对方还不清楚究竟发生了什么事。如果对方能够了解到更为详细清晰的背景信息，也就更有可能理解和认同你的观念。

第二个办法，是巧借他人之口表达你的情感。

比如，我们可以引用他人的表达，或者化用先人的典故："我觉得我现在'一览众山小'了，所有烦恼都离我远去，我只看到'海阔凭鱼跃，天高任鸟飞'。"

创造新的语言，比借用别人的难很多。如果实在不知道如何描述，不如站在巨人的肩膀上。

不过，最根本的一点还是要多听、多看、多表达，不断扩充自己的语料库。

观念必须和语言紧密结合，人们才能顺畅交流。如果你能实现观念和语言正确、精准地匹配，你的表述就会更清晰、更有逻辑性。匹配度越高，逻辑感越强，沟通就越有效。

有效的沟通一定是有逻辑的沟通。

在我们表达自己的观点时，需要给出理由。这个"给出理由"

的过程，实际上就是逻辑推理和论证的过程。

麦克伦尼教授说："推理的过程，就是根据已知正确的第一个观点，推断出第二个观点。而第二个观点之所以正确，是由于第一个观点正确。推理的过程，构成了论证的核心。"

论证有可能是错综复杂的，但无论是复杂还是简单，它的本质是一样的。每个论证都由两个基本要素组成：一个是前提，一个是结论。比如，天快黑了，所以大家回家了。

"天快黑了"是前提，提供了支持性信息，导致"大家回家了"这个结果的发生。

一般来说，一个前提导致一个结果。

从一个论证出发得出多个结论的情况极为少见，里面也很容易出现逻辑谬误。麦克伦尼教授举了这样一个例子：失了一颗铁钉，丢了一只马蹄铁；丢了一只马蹄铁，折了一匹战马；折了一匹战马，损了一位将军；损了一位将军，输了一场战争；输了一场战争，亡了一个帝国。

这个推理最初的前提是"失了一颗铁钉"，经过层层推论，得出了"亡了一个帝国"的结论。

这样的结论是无法被证明的，因为逻辑链中许多前提都是不真实、不可靠的。

我们在沟通中如果遇见别人进行各种耸人听闻的论证，一定要注意前提是否是真实可信的。

这可以帮助我们鉴别真假信息。同时，我们自己在表达的时候，也要捋清逻辑关系，用推理论证的方式得出正确的结论，说服听众。

写出脍炙人口的侦探小说《福尔摩斯探案集》的柯南·道尔曾说："一个逻辑学家不需要亲眼见到或听过大西洋或尼亚加拉大瀑布，他从一滴水中就能推测出它们存在的可能性。"

正确有效的论证，能帮我们省去很多翻阅文献、实地考察的时间，让我们的沟通在谈笑间决胜千里。

并不是每一个推理都会走向一个正确的结论。

麦克伦尼教授认为，推理错误的出现，追根究底是因为态度不端。

首先是怀疑的态度。

我们可以在特定的情况下对论点和论据进行合理质疑，但不能什么都不相信，将怀疑扩大化。

一些极端的怀疑论者选择怀疑一切，认为世界上根本没有所谓的真相。而中度怀疑论者虽然承认存在真相，但认为人类没有能力寻找和把握真相。

我们在沟通中要明白什么是可以相信的，什么是不符合逻辑所以不值得信任的，而不要一竿子打翻一船人，认为什么都不可信。

其次是情绪化的态度。

描述同一个男性，过于悲观的人会说："他五大三粗，看起来四肢发达、头脑简单；穿着破烂，也许晚上睡大街。"

而过于乐观的人会说："他魁梧健壮，一顿估计吃得下一头牛；穿着入时，天这么冷也宁要风度不要温度。"

他们的表达呈现出来的并非客观事实，而是主观判断。

由于态度有偏颇，他们对所处的世界没有正确的认知，因此讲述出来的不是世界本身，而是他们想当然的世界。

我们在沟通中，如果想说服听众，让别人认可我们的观点，就要尽量保持客观，不要太情绪化。

错误的逻辑推理被称为逻辑谬误，它主要包括两种类型：一种是形式谬误，即问题出现在形式上，或是论证结构上；一种是非形式谬误，指的是形式谬误之外的各种逻辑错误。

我们在沟通实践中，会遇见很多常见的逻辑谬误，比如偷换概念、循环论证、因果倒置等。麦克伦尼教授举了一个偷换概念的例子：关爱他人是利他主义者的标志。

唐璜是个喜欢关爱各种漂亮姑娘的人。所以，他是个利他主义者。

这个论证中的问题出现在"关爱"这个词上。很明显，第一句话（即大前提）说到的"关爱他人"，和第二句话（即小前提）中说的"关爱各种漂亮姑娘"里的"关爱"指的完全不是一回事。

所以，这个结论不成立，因为它建立在偷换概念的基础上。

　　类似的逻辑谬误还有很多。

　　许多错误的推理很具有迷惑性，有时候甚至听起来比正确的推理更值得信服。我们在沟通中要警惕逻辑谬误，拒绝走入逻辑陷阱。

　　最好的方式，当然是阅读和学习逻辑学，并把它应用到沟通中。正如麦克伦尼教授援引好莱坞著名导演伦纳德·尼莫伊所说："逻辑是智慧的开端，而不是终点。"

倾听的力量——9条核心沟通法则

俗话说："兼听则明。"

一个沟通高手，除了会表达，还要学会倾听。

倾听能帮助我们了解别人的感受和需求，让我们可以收集足够的信息来分析和解决问题，从而达到沟通效果，优化人际关系。

1. 放下偏见

"非暴力沟通"专家马歇尔·卢森堡在《非暴力沟通》一书中说："为了倾听他人，我们需要放下已有的想法和判断，全神贯注地体会对方。"

很多时候我们容易失去耐心，急于把对方硬塞进某种理论模型中进行分析，实际上，这只是在用我们的偏见给对方下定论而已。

倾听的目的不是给建议，而是共享对方的感情，陪他一起感受负面情绪，让他能够充分表达自己的痛苦。

2. 正向确认

美国知名的心理学家迈克尔·索伦森在《学会回应：人际关系背后的简单原则》一书中提出，倾听要遵循一个原则：正向确认。意思是，顺着对方的情绪，为其寻找说出这些话的正当理由。

也就是说，在倾听时，我们要预设对方的言行举止都是合理的。与之相反的是"反向确认"，即认为对方的行为是不合理的。

比如，对方在倾诉自己无法完成工作的压力和焦虑时，我们可以问他是不是工作难度太大了，或者上级安排不妥当导致工作量太大了，等等；而不要说"谁让你不早点儿开始的""你没好好安排工作计划"等把错误归咎于对方的话。

在这种时刻，说这样的话，很容易伤害到对方的情绪。

3. 表现出兴趣

听别人说话的时候，如果我们表现出不耐烦，或者觉得对方的发言索然无味，甚至打起了哈欠，就会让对方觉得我们很不在乎他。

如何表现出对他人的兴趣呢？

最好的方法是，夸赞。

同事穿了条新裙子，一直拉着你说这条裙子多么难买，自己费了多大的劲才买到。

这时候，你可以进行总结性夸赞："哇，真的好漂亮，设计特别时髦，尤其是袖子上的珍珠，显得好贵气！"

你也可以进行提建议式夸赞，不过是邀请她给你提建议："这裙子太好看了，显得你曲线好美，你平时是怎么保持身材的，教教我呗！"

你还可以重复对方的话，向对方确认其中是否有错误信息，让对方感觉到你真的听进去了。

4. 学会示弱

倾听时，我们不一定总要显得自己很强大、很值得依靠。

有时候，必要的示弱能够让对方确认自己的价值，给沟通带来意外的效果。

比如，对方在进行自我否定，觉得自己"什么都做不好"，产生沮丧厌世的心理时，这时候，你可以举个例子，证明别人无法做到的事情，他却做到了。为了形成鲜明对比，这个"别人"最好是你自己。

5. 及时反馈

人在说话的时候，会期待其他人的回应。

我们在倾听的时候，为了表达对倾诉者的理解和共情，也需要及时地给予反馈，让对方感到自己不是在自说自话。而且，如果我们的理解有偏差，也可以通过反馈暴露给对方，从而让他给出更多具体信息，纠正我们的错误看法，让沟通回到正轨。

反馈要找准时机，不能在对方非常情绪化的时候进行。对方正在发泄自己的情绪时，他想要扮演的角色是倾诉者而不是倾听者。

如果你贸然提出自己的意见，可能会打断他的发言。所以，最好等到他的情绪宣泄得差不多之后，再进行反馈。这时候，他才更能听进去你的话。

6. 学会反问

为了不让对方陷入演"独角戏"的尴尬中，我们可以适度反问，提高自己的参与度。

例如，当同事说自己最近很烦的时候，你可以问："怎么了，发生什么事了？""愿意跟我说说吗？"

在对方开始倾诉具体事件时，你的反问要以对方的感受和需求为核心。比如，对方说自己觉得生活很不顺利，到处磕磕绊绊，昨天方案被否决，今天电脑又坏了。你可以问："看得出来你有点绝望，希望事情顺利一些是吗？"

当然，最喜闻乐见的反问是可以帮助对方解决实际问题："谁说生活充满障碍啦？让我看看你的电脑，没准我能修好。"

7. 使用模糊词

有时候，我们实在不知道如何回复对方，就可以使用一些模糊词，即泛泛之词，放在谁身上都适用。

模糊词的使用，往往给人一种放诸四海皆可的印象，虽然经不起推敲，但乍听之下总觉得很有道理。

在倾听时，你可以这样回话："感觉你也是个很敏感的人。"

"有些人就是这样，跟你好的时候很好，伤起人来却那么狠。"

8. 不要逞强

我们没有办法当一个随叫随到的倾听者。

有时候，我们陷入负面情绪，自顾不暇，没有心情去关心别人；或者忙于学习和工作，没有额外的时间留给别人。在这些情况下，千万不要逞强。

倾听是一件需要慎重开始的事情，它会消耗倾听者的精力，甚至影响心情，如果你无法确保自己可以坚持下来，不如不要开始。中止会极大地伤害倾诉者的感情，打击他们开口表达的积极性。

而作为遭遇情绪危机的人，要关注自身感受和需求，及时找别人求助，向别人倾诉，以此来修复自己。

9. 及时止损

在生活中，我们会发现有些人有没完没了的怨言，路上摔一跤要抱怨，吃饭掉了根筷子要抱怨，老天下雨也要抱怨。

他们把对生活的诸多抱怨带给你的同时，对你的付出也视而不见。

　　他们不会感激你的倾听，反而觉得你很清闲，所以会用各种各样的事情来占用你的时间。

　　若长期和这样的人打交道，你会被过度消耗。

　　所以，要及时止损，一旦发现身边有这样的人，要学会和他们保持距离，千万不要因为这样的人而浪费自己的时间。

11种错误的沟通方式

1. 随意评价

当我们对别人的行为、打扮、偏好等做出好坏判断时，意味着我们在某种程度上认为自己比他们好。

可我们不是上帝，没有资格对别人的人生指指点点，也没有人有义务按照你的喜好，把自己打造成你期待的样子。

办公室里，一个男同事总喜欢品评女同事的着装。

比如："小林今天穿的裙子不错，以后多穿穿。""小李这衣服显小呀，最近是不是胖了？""小张的短裙太短了吧，吹空调不冷吗？"

他的话弄得姑娘们烦不胜烦，姑娘们跟人事部门反映了好几次，人事部门终于把他调走了。

如果这位男同事能管住自己的嘴，少对别人评头论足，也就不会被大家嫌弃了。

有些时候，随意评价，可能会刺痛对方的心。

丽莎从小就是一个爱漂亮的女孩儿，但上大学时的一次重病，让她不得不服用会导致肥胖的激素药，由此体重猛增到两百斤。

有些不清楚情况的同学就对她开玩笑说："最近伙食有点太好了吧？不知道的还以为我们学校是养猪场呢！"

因为这句话，丽莎伤心了好久，整天不敢见人，生怕大家评价她的身材。

当我们想要评价别人的时候，要记住，不是所有人都要按照你的想法去生活。他们在生活中可能遭遇了一些你无法想象的事情。

如果你没有办法了解内情，去帮助和安慰他（她），至少别用你随意的评价来伤害他（她）。

2. 好为人师

我们在生活中或多或少遇到过这样的人，他们喜欢跟别人讲道理，习惯用一种过来人的语气责备他人。

当他们认为自己比别人知道得多，或者比别人经验更丰富、价值观更优越时，往往会变得自高自大，开始爱说教。

但他们也因此忘记了别人也有自己的想法。

当他们说教时，其实无形中阻断了对方沟通和表达的欲望，甚至有时候会激起对方的反抗情绪。

如果他们想征求对方的意见，双方可以以一种平等谦虚的态度，真诚地给出自己的建议。

比如，在表妹跟你抱怨学习很累时，不要觉得自己是过来人就高高在上地说："你们学习累什么啊，身在福中不知福，等你长大工作了才叫累呢！"

你要表示理解，并且给出建议："我以前上学也觉得好累。你们现在作业更多，升学压力更大，肯定比我们更累些。也许你可以让你妈妈带你出去逛逛，放松一下心情。"

3. 贴标签

在人际交往的过程中，有些人热衷于给别人贴标签，而且往往是带有贬义的标签。

在这里，我们讨论的并不是关于职业、爱好等合理标签。比如有人无辣不欢，你给他贴一个爱吃辣的标签，标注他的口味，这是没问题的。

我们要讨论的是跟人性、道德高度相关的标签。

许多人通过给别人贴标签，表达对他人的刻板印象，把复杂问题简单化，甚至在情绪失控时对别人进行无差别的标签式攻击。

比如在网上碰到和自己意见不一致的网友，就说对方是"喷子""键盘侠"，把对方表达观点的行为称为"洗地""洗白"等。

这种交流方式讨论不出有实际意义的成果，对解决问题没有任何帮助。

4. 讽刺挖苦

适当的调侃有助于活跃气氛，但是讽刺挖苦会伤害到别人。

讽刺挖苦意味着轻蔑、侮辱、欺负、看不起等尖锐的情绪和负面心理。

在我家，老一辈人非常喜欢用这样的方式进行沟通。

小时候，我不想在家吃奶奶做的面条，清汤寡水的，我就跟她说想去外面买早餐。

她听完，没说不许，也没说同意，而是用十分夸张的语气说："去吧！去吃地沟油吧！家里的东西都不好吃，只有外面那些乱七八糟的东西好吃得不得了！"

虽然我年纪小，但也能听懂奶奶话里的讽刺挖苦，委屈得我直掉眼泪。从此，我再也不愿意吃她做的早餐。

如果我们要表达拒绝或者其他想法，可以直截了当地说出来，不要用讥讽来掩饰自己真正想说的话。

这种"不好好说话"的行为，会让沟通走入死胡同。

5. 争强好胜

有些人在沟通中喜欢和对方争高下。

别人说早上吃鸡蛋、喝牛奶很健康，他非要说吃大包子、喝粥更健康；别人说新上映的电影很不错，他偏要说演员阵容一看就拍不出什么好东西，与其上电影院花钱受罪，不如在家里刷刷短视频。

可想而知，习惯这样说话的人，不会招人待见。

在嘴上争强好胜，最多也只是在口头上压倒对方。自己的好胜心是得到满足了，却失去了好人缘。

所以，在沟通时要尊重别人发表意见的权利，不要把自己的观点强加到别人身上。

6. 卖弄自己

一些人为了让自己的表达看起来更高级，喜欢在话里堆满各种典故、成语、生僻字词。

沟通是对信息进行编码解码的过程。如果你在编码时使用了大量令人难以理解的符号，那么对方的解码过程会异常艰难，整个沟通充满磕绊和误解。

除了这种掉书袋式卖弄自己的学识，还有人总喜欢向别人炫耀自己的生活。

老王的儿子很优秀，考上了北京大学。

本来大家都很替他高兴，结果他每天都在办公室趾高气扬地炫耀，一会儿说自己喝水的杯子是北京大学的纪念品，一会儿说儿子从北京大学给他寄了本书，里边还夹了几页北京大学的纸，没完没了。

大家深受其扰。久而久之，再听到他提在北京大学上学的儿子，没有人愿意搭理他，甚至还会吐槽说"他又来了""烦不烦啊"。

7. 威胁他人

我们在沟通的时候一定要注意，沟通应当建立在平等和尊重的基础上。

要学会通过谈判、协商等方式达到目的，而不是威胁。

如果我们以"如果你不这样做就完了""你最好按照我说的去做"这样的话语要挟对方，会让对方警惕起来，想办法防御或者抵抗，而不是立刻服从或者同意。

在亲密关系中，这种错误沟通方式很常见。

母亲为了让小孩更听话，会说："要乖哦，不乖的话，妈妈就不喜欢你了。"

一对情侣在吵架，一方想让另一方道歉，会说："你要是不认错，我们就分手！"

这样的恐吓要么收效甚微，要么反而事与愿违，造成相反的结果。孩子可能陷入"不乖"就"不被喜欢"的恐惧中，并把这种逻辑应用到和其他人的相处中，渐渐形成了讨好型人格。

情侣之间可能在另一方气急败坏地回复"分手就分手"之后，感情真的走向了破裂。

我建议大家要用鼓励代替威胁。

用正当的理由鼓励对方做你期待的事，以及明确、公正地说明为什么要这样做而不是那样做。

这样才有利于营造公开透明的沟通环境，让沟通更融洽。

8. 废话连篇

在这个快节奏的社会里，人的时间都是有限的，包括和别人沟通、听别人说话的时间。

如果话语里有效信息的密度太低，会让别人觉得和你沟通是在浪费时间，从而产生很多不良后果。

荣荣最近发现室友们都不爱在寝室待了，细问之下才发现原来是因为自己。

每次吃完饭回到宿舍，荣荣都喜欢跟室友细数刚才吃了几样菜，分别是什么和什么，它们是什么样子，卖多少钱，吃起来口味怎么样……

荣荣觉得自己是在分享生活，但这些话里既没有故事也没有情绪，全是些鸡毛蒜皮的小事。

室友们觉得她废话连篇，成天啰里啰唆，就不愿意和她待在一块了。

没有人爱听废话。

我们在表达时，一定要想好了再说，要言简意赅，避免说一些毫无价值的废话。

9. 信口开河

一些人在社交时为了显示自己见多识广，喜欢信口开河。

我的一个同事就是如此。别人问的问题，他不知道答案的问题也要强答。

有一个住得比较远的同事有一次问："隔壁的便利店早上几点

开门？"

他信誓旦旦地回答："八点。"

结果，第二天同事跑来一看，压根儿没开门。

原来，人家由于住得远，不方便吃早餐，想着如果可以的话就到公司附近解决，没想到他给的是错误答案，害得同事饿了一上午肚子。

我们说话的时候，一定要实事求是，不要信口开河。

一旦自己胡诌的东西被知情人当场揭穿，不是自取其辱吗？有一分事实讲一分话。就算再想帮别人解答疑惑，也不能凭感觉瞎猜，要查证之后，进行有理有据地回答。

10. 喜欢空谈

许诺是件很容易的事，但要兑现承诺可不容易。

生活中有太多到处给别人画饼的人：借钱的时候承诺一定按时归还，结果该还钱的时候人影都没有；和朋友约好旅行，到时间了却说连机票钱都没攒够。

他们也给自己画饼："今晚我一定要写完方案。""给我一个月时间，我一定考上清华。"

做计划的时候说得天花乱坠，行动的时候却懒懒散散，明日复明日。

　　喜欢空谈的人，说话和实际行动严重不符，会让人觉得很不靠谱。

　　如果没有真正打算去做，就不要成天到处说，也不要随便答应其他人，否则只会徒增他人对你的负面印象。

11. 被别人带着跑

　　有些人没什么主见，说话时容易被别人带着跑。

　　三个小姐妹一起讨论刚刚看完的电影，A说很好看，剧本扎实，演员的演技也在线。

　　B听她分析得头头是道，表示同意。

　　C说觉得后半段的故事有点生硬，编剧好像在强行煽情，演员们哭得也很勉强。

　　B听完，又觉得她说得很有道理，附和说电影确实有问题。

　　这下，A和C都不开心了，认为她是见风使舵的墙头草。

　　所以，在沟通时，我们不要总被别人带着跑。否则，不仅可能背上"墙头草"之名，有时候还会让人觉得你喜欢当面一套背后一套。

　　要多读书、多思考，形成自己的观点，勇敢地表达出来。

发出正确的讯号：
如何面对道歉、调解、求助、拒绝

沟通时，我们会碰到各种"疑难杂症"。

它们往往来自一些令人两难的情境：别人向你道歉，但你并不想接受；有人试图和稀泥，强行让你和另一个人和好；有人向你求助，但你没办法帮忙；你鼓起勇气向别人开口，却被拒绝了……

面对这些略显尴尬的场面，如果我们无法发出正确的讯号，会让沟通误入歧途。

一个总是随意接受道歉的人，不会受到他人的尊敬。

试想，如果同事抄袭了你的方案，连PPT模板都一样，事后送你个小礼物，你就不生气了。同事究竟是会觉得你是个好人，还是会觉得你好欺负？往后的日子里，他们会不会变本加厉？

接受道歉是表达善意的一种方式，尤其是对于那些生性胆小、生怕惹你不开心的人来说，你接受了他们的道歉，也抚慰了他们的心灵。

但这不能被滥用，毕竟不是所有人都会对自己犯下的错误心怀愧疚。

如果对方的错误在我们可承受的范围内，并且对方认错态度良好、愿意承担责任，也采取了相关补救措施，把损失降到了最低，那么，我们可以欣然接受他的道歉。

在他道歉时，你可以认真倾听，肯定他的后悔、愧疚等情绪，表示理解，并且提出建议："没关系，我知道的，我们都难免出现类似的错漏，这很正常。你不要过度苛责自己，但是一定要吸取教训，以后可不能再这样了。"

人非圣贤，孰能无过？在适当的时候放别人一马，也是给自己留一些余地。

如果对方的错误严重伤害到我们的情感和个人利益，我们就有权拒绝接受他的道歉。

很多时候，一个小小的道歉，不足以抹平我们心中的伤口，也无法挽回已经造成的损失。

不过，我们不能因为自己心存怒气或者恨意，就通过语言或者肢体攻击等方式侵害对方。

一旦做出这种行为，会让我们从受害者转变为施害者，不仅不能解决问题，还会造成更多悲剧。

有些事已经超出了个人范围，对集体的情感和利益造成了影响，这不是一个人说了算的，因此就一定要公事公办。

要把个人情绪和集体利益分开。如果是你负责对接这件事，在情感上，你可以表达对对方的理解，从个人层面接受他的道歉，给他一个台阶下，但具体的赔偿等事宜要秉公处理。

在我们和别人产生矛盾的时候，总会有一些"和事佬"跑出来和稀泥。

他们并不清楚矛盾的核心在哪里，没办法帮忙解决问题，但会进行一番听起来苦口婆心，实则没有任何有效内容的说教，比如让你们"少说两句""互相理解"。

"和事佬"们的出发点是好的，但往往沟通方式不太恰当。

一般情况下，我们都会给他们面子，看在他们的分上，不继续升级矛盾。但实际上，问题没有得到解决，双方心里都怄着一股气，这不是和好，而是休战。

在面对他人方式欠妥的调解时，我们要从情绪中走出来，恢复理智、坚定、清楚地表达自己的诉求，让他人明白我们需要什么、应当如何配合我们。

如果不小心卷入了别人的冲突中，要学会采用正确的方式进行调解。首先一定要把冲突双方分开，让他们冷静下来。我们可以倾听他们的讲述，让他们通过倾诉发泄情绪。等他们情绪稳定之后，让他们意识到这次的风波只是漫长人生或者工作生涯中的一件小事。

如果是公司里的同事吵架，我们可以说："你当初进这个公司，不是为了跟他吵架的。你做好自己的本职工作，拿到满意的薪水就好。如果他妨碍了你的工作，你完全可以向上级反映。相信大家都会理解的。"

另外，我们可以提出一些小请求，帮助对方转移注意力，让思绪重回正轨，不要纠缠在这件事上。

比如可以说："此前我做了份策划书，被打回来了，我昨天连夜重新做了一份，担心会不会又被打回来。你每次方案都稳过，能不能帮我看看？"

这样，对方就能从刚才的矛盾中抽身，着眼于更实际的事情了。

有的时候，面对他人的求助，我们总是由于心软而答应。

虽然一开始打算拒绝，但在对方不断卖惨、抱怨、恳求的强烈攻势下，犹豫了几个回合却始终开不了口，只得乖乖接下这烫手的山芋。

如何正确应对求助？

首先要评估他人的求助是否合理。

如果他的确是陷入了困境，需要有人拉他一把，而你恰好具备这个能力，那么向他伸出援手也无妨。但如果他屡教不改，遇到困难只想丢给别人解决，不值得你费心劳神地帮忙。或者他提出的请求在你的能力范围之外，就可以拒绝他。

小张家附近有一家很好吃的包子店，所以，他每天都帮没地方买早饭的同事小李带包子。

其他同事看到了，也让小张帮忙带。

弄得小张每天得列出个买包子的采购清单，买完还得提一大袋包子赶公交车，别提多累了。

所以，他跟大家说："这几天太冷了，我早上起不来，为了不耽误大家吃早饭，就不给大家带了。"

同事们纷纷表示理解，开始吐槽起最近的天气变化，气氛一点也没有因为小张的拒绝求助变得尴尬。

所以，我们在拒绝的时候，要明确表态，不能说些曲折迷离的话，让对方猜你的心思。

同时，要给出拒绝的理由，让对方体会到你的难处。这样，他才不会觉得你是在故意为难他或者等着看他的笑话。

在沟通中，我们有拒绝别人的权利，当然也会遭遇被他人拒绝的时刻。

人都有自己的难处，被别人拒绝是一件很正常的事情。

很多人会把别人某一次拒绝自己要求的行为，解读成对自己整个人的否定，这是不恰当的。

拒绝你不等于不喜欢你，我们千万不要因此怀恨在心。要就事论事，而不是推事及人。

在向别人提出请求时，就要考虑到对方可能答应也可能拒绝。所以，一定要有备选方案。

比如，你的工作完不成了，想找A帮忙，但A因为没有时间拒绝了，那你就可以找另外的人帮忙，或者干脆和上级坦言时间不够，让他多给你几天时间。

也许你害怕拖延工期而让上级对你产生负面印象，但既然是因为自己没有规划好工作时间，就应该承担这个后果。

面对别人的拒绝，不要死缠烂打。

老王想让在国外旅游的小敏帮他代购名牌包送人，但小敏由于行李箱放不下就拒绝了他。

结果他每天都打电话给小敏，求她帮忙。

小敏不胜其烦，最后为了求个安宁，只好拉黑了他的联系方式。

死缠烂打不仅会给对方增添很多麻烦，也让自己的姿态显得很不得体，最终导致双方的关系恶化甚至破裂。

有效提问和精准回答

在沟通中，问答是一门学问。

如果你问不到点子上，或者提出的问题让人难以回答，别人就会丧失和你深入沟通的兴趣。

在回答他人提问的时候，如果你答非所问，无法说中要点，大家会质疑你的实力，否认和你沟通的价值。

所以，要学会有效提问和精准回答，当一个好的发问者和回答者。

提问主要分为两种：封闭式提问和开放式提问。

封闭式提问的特点是往往用"是不是""有没有""要不要"等短语提出问题，提问者在提问时对答案有预设，被提问者一般不需要展开，只要用肯定或否定做出回答即可。

开放式提问则多用"如何""怎么样""什么"等词语提出问题，对答案的限制较少，可以给对方充分自由的发挥空间。

小明哭着从学校回来了。

爸爸问他："你是不是挨打了？"

他说："没有。"

"是不是被罚了？"

他说："没有。"

"是不是不喜欢上学？"

他还是说："没有。"

爸爸说："那你是怎么了？"

他终于说："我尿湿裤子了。"

爸爸赶紧给他换了裤子，接着问道："裤子是怎么弄脏的？"

小明说："在公交车上，实在憋不住了。"

爸爸说："你是不是怕回来晚了，才没有在学校上厕所？"

小明说："是。"

爸爸哭笑不得，他嘱咐小明以后放学后先上厕所再回家。

小明的爸爸一开始使用的都是封闭式提问，效果并不好。

因为此时还不能确定问题出在哪里，一个一个问不仅耗费时间，可能还会离正确答案越来越远。

后来，他通过开放式提问，确定了具体的问题范围，再进行封闭式提问，就有效多了。

使用封闭式提问可以明确某些问题，弄清重点事实，缩小讨论范围。但过多的封闭式问题会让对方陷入被动回答的状态，压制自我表达的积极性，不利于营造和谐融洽的沟通氛围。

而开放式提问把说话的主动权留给被提问者，如果他很健谈，一开口就滔滔不绝、漫无边际，则很容易就会偏离主题，让沟通事倍功半。

所以，我们最好根据实际情况，灵活地交替使用这两种提问方式。

很多时候，贸然提问会引起对方的抵触情绪，甚至显得很不礼貌。

比如在大街上，一些健身房推销员问过路人："办卡吗？"

人们的第一反应一般是拒绝。所以，要进行层层递进式的提问，一环扣一环地问出自己最想问的问题。

一些会说话的推销员就不会采用这么唐突的问法，他们一般先说："小姐姐，夏天到了，是不是找不到合适的地方游泳？"

得到肯定回答之后，他们会继续问："我们是家新开的健身房，建了个很大的游泳馆，要不要进去看看，了解一下？"

等你看到他们的装修确实很棒的时候，他们再问你要不要办卡。

这时候，你就很难拒绝了。

递进式提问也可以反着用。

有时候，我们不要一步一步慢慢问，而是先预设回答，进行下一步提问，以提高自己工作的效益。

我家楼下有两家卖米线的店铺，一家生意好到要排队，一家却门可罗雀。

原来，前一家每次都直接问顾客"要煎蛋还是卤蛋"，大家一般都会选择要一种，或者两种都要，这样不仅增加了风味，老板还能多赚一些钱；而后一家总是从询问对方"要不要蛋"开始，许多人都选择"不要"。时间久了，前一家店铺的生意越来越好，但后一家店铺却少有人光顾。

所以，巧用提问，可以帮助我们获得较为理想的回答，减少被对方拒绝和否定的概率。

我有一个朋友做人力资源工作，她曾经遇到过这样一位应聘者。

前半程，他们的沟通很顺畅，虽然应聘者没有表现出什么过人的才能，但也没有出现大问题。

后来，应聘者谈到自己很擅长即兴演讲，朋友问："可以示范一下吗？"

应聘者说："吃了。"

原来，应聘者把她说的话听成了："你吃饭了吗？"

这个问题显然和上下文语境以及当时的情境严重不符，但他没有选择向面试官确认，而是根据自己认为的问题进行回答。

朋友说，虽然体谅他身为应聘者非常紧张，但印象上难免会打折扣。

所以，我们在回答问题的时候，如果没有听清楚问题，一定要大胆要求对方复述，否则就会答非所问，闹出笑话。

听清楚问题后，我们要抓取问题的关键词，弄清问题的核心所在。

我见过一些优秀的求职者，在被问到"应聘这个职位，你有什么优势"时，他们能够提取出"职位""优势"等关键词，迅速地在脑海中反应过来。

面试官希望听到的是求职者可以胜任工作、解决问题的技能，比如"我很擅长使用photoshop软件，可以做出漂亮的海报进行宣发""我有三年新媒体写作经验，在许多公众号上都发表过文章，尤其擅长写产品软文"。

而另一些表现不佳的应聘者会回答"我比较乐观，不怕困难"等略显抽象的与个人品质高度相关的优势，因而显得没有竞争力。

在回答问题时，我们可以用自己的话串联一下听到的问题关键词，复述一遍问题，一是可以确认自己没有理解错，二是可以争取更多的思考时间。

回答过程中，不要一会儿说这个，一会儿说那个，而要逻辑清晰，条理清楚，把握重点，说清楚来龙去脉。

领导在办公室大发雷霆，迟到的晓丽连忙问同事们发生了什么。

同事A说："进人了。"

晓丽一头雾水，多亏同事B解释："昨天晚上，有人忘了锁仓库门，导致进贼了，大家平时骑的那台小电驴被偷了，所幸贼不识货，新买的那几台机器还好好的。"

很明显，同事A的回答过于简单，所以没有表达出任何有效信息。

而同事B的回答，前因后果清晰明了，晓丽一下子就明白发生了什么。

我们在回答问题的时候，也要注意尽量把时间、地点、人物、原因、过程、结果等要素体现出来，进行精准高效地沟通。

在面对一些难以用逻辑论证来回答的问题时，我们可以使用一些修辞手法。

比如，被问到化妆的时候为什么要涂粉底液，与其解释不涂粉底液会造成不好晕染、掉妆等后果，不如打个比方：化妆就像在人脸上画画，如果画纸不够清爽干净，颜色画不上去，或者画上去很容易晕开，那作画也就失败了。

再比如，被问到"什么是碧根果"时，如果按照百科全书上写的，说它是一种"长约五厘米、宽约二厘米的长在树上的果子"，对方可能会要求你"说人话"。这时，你不如说："一种很像核桃的果子，但是比核桃更细长，壳更薄，口感也更脆。"

这样一回答，是不是就好理解多了？

巧用比喻、类比等修辞手法，你的回答会更生动形象。

沟通能力测试
（附40分心理测试题）

回答下列问题，测评你的沟通能力。

写出与你的经历最相近的答案，请尽量如实作答。

如果你的回答是"从不"得1分，"有时"得2分，"经常"得3分，"总是"得4分。把得分加起来，参考"分析"，评定你的沟通能力。

请根据自己的回答找出你在哪些方面仍然需要改进。

1. 我总是能够活跃气氛，并达到自己的沟通目的。　　（　　）

2. 在决定该如何沟通前，我认真思考信息内容。　　（　　）

3. 平时我喜欢看一些沟通类的书籍。　　（　　）

4. 我希望对方就我的沟通提供反馈。　　（　　）

5. 我注意聆听，并在回答前检查我的理解是否正确。（　　）

6. 与他人相处时，总是愿意从对方的角度思考问题。（　　）

7. 与他人见面时，我自信十足，态度积极，礼貌周到。（　　）

8. 我及时向他人提供他们需要与想要的信息。（　　）

9. 我从不当众评论别人或指责别人。（　　）

10. 我通过提问了解他人的想法以及他们的工作进展。（　　）

11. 每当麻烦别人时，我会感到非常惭愧。（　　）

12. 我善于把握机遇并且抓住重点。（　　）

13. 我通过所有可以利用的电子媒介进行沟通。（　　）

14. 我把写文章的规则应用到外部与内部的沟通中。（　　）

15. 会见、调查或做会议记录时，我使用有效的记录
方法。（　　）

16. 写重要信件或文件时，在定稿前，我常征求可信
赖的批评者的意见。（　　）

17. 我运用快速阅读技巧来提高工作效率。（　　）

18. 做演讲前，我认真准备并多次试讲，演讲取得了
成功。（　　）

19. 进行内部培训时，我发挥着明显的积极作用。（　　）

20. 我总是能调整工作思路，配合领导工作。（　　）

21. 我用软性和硬性推销技巧说服他人接受我的观点。（　　）

22. 谈判前我已经对问题进行了深入研究，并熟知对方
的需要。（　　）

23. 我写的报告结构合理，内容准确、简明、清晰。（　）

24. 我有能够科学判断形势的能力。（　）

25. 我努力了解有关听众对组织的看法。（　）

26. 我认真思考技巧娴熟的顾问是如何帮助我解决公关问题的。（　）

27. 我与记者及其他媒体工作人员进行有益地接触。（　）

28. 我更倾向于专业人员来完成专门工作。（　）

29. 别人打断我说话时，我会耐心地再讲一遍。（　）

30. 我把定期与员工沟通看作重要的工作。（　）

31. 我积极接收并回应来自员工和他人的反馈。（　）

32. 我确定了沟通目标，并且不允许任何行为阻碍这一目标的实现。（　）

分析： 现在你已经做完自我测评题目，请把各题得分加起来，然后通过阅读相应评语，检查你的表现。

无论你在沟通方面已经取得了多么大的成功，一定要记住：永远有改进的余地。

检查一下，你在哪一方面做得最差，找到实用的建议和提示以改进沟通技巧。

评价参考：

（1）32~64分：你不能有效地沟通。要倾听反馈，努力从失败中吸取教训。

（2）65~95分：你在沟通方面表现一般。要针对弱点，努力提高。

（3）96~128分：你能极好地沟通。但要记住：沟通多多益善。

40分心理测试题

共40道心理健康测试题，请尽量如实作答。

根据分数区间，可以自行判断当前的心理健康状况，本测试仅作为参考。如果感到"经常是"，画√号；"偶尔是"，画△号；"完全没有"，画×号。

1. 无法集中注意力做某件事情。　　　　　　　　　　（　　）

2. 夜里怎么也睡不着，即使睡着也容易惊醒。　　　　（　　）

3. 经常做噩梦，早晨醒来就感到倦怠无力、焦虑烦躁。（　　）

4. 经常醒1~2小时，醒后很难再入睡。　　　　　　　（　　）

5. 对着镜子和自己说话。   （   ）

6. 胡思乱想，往往自己也搞不清在想什么。   （   ）

7. 遇到不称心的事情便较长时间地沉默少言。   （   ）

8. 感到很多事情不称心，莫名其妙地发火。   （   ）

9. 整日思索一件不起眼的小事和这件事带来的影响。   （   ）

10. 感到现实生活中没有什么事情能引起乐趣，郁郁
寡欢。   （   ）

11. 记忆力衰退，一件事情转头就忘。   （   ）

12. 遇到问题常常举棋不定，迟疑再三。   （   ）

13. 经常与人争吵发火，过后又后悔不已。   （   ）

14. 经常追悔自己做过的事，有负疚感。   （   ）

15. 不想工作，一想到要工作就准备逃避。   （   ）

16. 一遇挫折，便心灰意冷，丧失信心。   （   ）

17. 害怕失败，行动前总是提心吊胆，畏首畏尾。   （   ）

18. 感情脆弱，稍不顺心，就暗自流泪。   （   ）

19. 周围的人总是对自己指指点点。   （   ）

20. 喜欢跟能力不如自己的人交朋友。   （   ）

21. 感到没有人理解自己，烦闷时别人很难使自己
高兴。   （   ）

22. 发现别人在窃窃私语，便怀疑他们是在背后议
论自己。   （   ）

23. 对别人取得的成绩表示怀疑。 （　　）

24. 缺乏安全感，总觉得别人要加害自己。 （　　）

25. 参加团建等集体活动时，总觉得格格不入。 （　　）

26. 害怕见陌生人，不想社交。 （　　）

27. 在黑夜行走或独自在家时有恐惧感。 （　　）

28. 害怕陌生的地方，害怕见陌生的人。 （　　）

29. 经常怀疑自己接触的东西不干净。 （　　）

30. 担心是否锁门和忘记拿东西，经常躺在床上又起来
确认，或刚一出门又返回检查。 （　　）

31. 站在沟边、楼顶、阳台上，有摇摇晃晃要掉下去的
感觉。 （　　）

32. 对他人的疾病非常敏感，生怕自己也身患相同的病。 （　　）

33. 对特定的事物、交通工具、尖状物等稍微奇怪的东
西有恐惧倾向。 （　　）

34. 经常怀疑自己智力不足。 （　　）

35. 做事情拖延，不愿意面对。 （　　）

36. 对伙伴的每一个细微行为都很注意。 （　　）

37. 经常怀疑自己患了不治之症，反复看医书。 （　　）

38. 有吸烟或者嚼槟榔的习惯。 （　　）

39. 经常有离家出走或脱离集体的想法。 （　　）

40. 感到内心痛苦无法解脱，只能自残或自杀。 （　　）

测评方法：

√得2分，△得1分，×得0分。

评价参考：

（1）0~8分。心理非常健康。

（2）9~16分。大致还属于健康的范围，但应有所注意，可以找朋友聊聊，心情应保持愉快、乐观。

（3）17~30分。你在心理方面有了一些障碍，应采取适当的方法进行调适，或找心理辅导师帮助你。

（4）31~40分。黄牌警告，有可能患了某些心理疾病，应找专门的心理医生进行检查治疗。

（5）41分以上。有较严重的心理障碍，应及时找专门的心理医生治疗。

第四章　实用测试案例

案例1：如何才能让你的方案
被领导看重

　　刚入职的小李对工作充满了激情。每次领导说需要写什么方案，他都会主动揽活儿。

　　但老板看完他的方案后，往往会说"我再考虑考虑"。没过几天，老板又让别的同事重写一份，美其名曰让小李"再观察观察""多学习学习"。

　　小李陷入了苦恼，怎样才能让领导看重自己的方案呢？

　　领导在看完方案后为什么会说"我再考虑考虑"呢？他不是需要时间考虑，他是在委婉地回绝你。

　　实际上，这句话一说出来，就代表他十分不认可你的方案。

　　他的潜台词是：这个方案很平庸，没有出彩到让我眼前一亮，也没有很好地解决问题。我对它很不满意，但不便直说，因为那样会打击员工的工作积极性。

所以，要想让自己的方案被领导看重，最核心的解决办法是提高方案的质量。

首先，要消除信息差，即弄明白自己的方案问题出在哪里。

我们可以找一份类似项目的方案，对照成功案例发现自己的不足之处，也可以请同事帮忙看看方案可以怎么改。

还有一个重要的技能，就是学会和领导沟通，可以直接请示领导。

很多时候，领导负责把控宏观方向，下属负责落实微观细节，每一项内容要具体和明确，具有实操性。

你的方案没被采用，说明没有体现领导的意图。此时，你与其自己揣摩猜测，不如直接向领导请示："领导，我刚开始做方案，的确有点缺乏经验，有些内容和项目，我没能全方位考虑周到。您看还有哪些细节需要我补充说明，或者有哪些问题是我没有注意到的，我回去收集资料，立刻给您重做一份。"

先承认自己由于经验不足，方案存在一定短板；再表明自己很在意这件事，希望得到领导指点，以优化方案，帮助解决问题。

说话时态度要端正，语气要谦逊真诚，领导会感受到你的好学和努力工作的积极性，从而愿意和你共享信息，消除信息壁垒，让你更好地优化方案。

在今后的工作中，领导也会更关注你。

其次，要主动推进。

我们的工作积极性不能只停留在口头上。想要领导觉得你靠谱，就要学会提出具体措施、时间限定、反馈结果等，主动推进事件进程。

比如，小李可以说："领导，新方案我明天几点之前交给您呢？到时候，我这边是发邮件还是直接打印出来装订好送过来呢？"

确定好提交方案的方式和时间点，不仅可以给自己施压，提醒自己要全力以赴，按时拿出一个更好的版本，同时也会让领导感觉到你对这件事很在意、很上心，愿意给予你指导和配合。

再次，要学会和领导沟通。

从小接受的权威教育让我们很多人害怕和师长类的角色沟通。在这些"权威人物"面前，我们觉得自己很渺小，不敢表达自己的想法，更不敢向对方开口求助。

但职场上，大家都是为了同一个目标在奋斗：更好地完成工作。如果不知道怎么和领导沟通，自然也会错过对方可以提供的指点和帮助。所以，一定要学会跟领导打交道。

和领导沟通的技巧之一就是，让他做选择题而不是问答题。

很多人在沟通时，都会习惯性地把问题抛给领导，让他来考虑应对之策。

比如，明天开会定在几点？周末要团建，去哪里比较好？这种问题问多了，会给领导留下你能力不佳的印象。

企业雇用你，不是让你来传达问题的，而是需要你帮忙解决问题，哪怕只是缩小问题的范围。

你不如这样问：领导，明天开会是上午九点开始还是下午两点开始？周末要团建，我查了天气可能会下雨，最好在室内进行，我们是去古镇还是生态农庄？

这些"选择题"，能够帮领导节省分析问题的精力和时间，让他觉得你做了充足的准备，具有很强的信息处理能力。

回到制定方案上来。如果条件允许，最好不要只做一份方案，你可以做几份不同的方案。

这样领导就不会用"我再考虑考虑"来搪塞，而是会从中找出一份更好的方案和你进行讨论，让你进行优化，没准最后就采用了你的方案。

和领导沟通的第二个技巧，是避免使用转折句。

当领导交给你一项工作时，如果你感到难度较大，在陈述这件事存在的困难时，要尽量避免使用转折句。也就是说，要尽量避免使用"但是""不过""可是"等词语。

因为这些词往往会推翻你之前的结论，让领导一头雾水，弄不清楚你究竟是遇到了困难还是已经解决了困难，究竟是需要帮助还是在邀功或者逞能。

如果让领导觉得你在邀功或逞能，可能会让他对你的印象大打折扣。毕竟事情还没落实，现在就标榜自己，的确有点为时过早。

不用转折句，我们可以把话说得更明白。

比如，我们可以这样跟领导说：这个方案要执行的话，可能会遇到一些困难，分别是……这三个困难。我想到了几个应对的策略，首先……其次……然后……您看这样处理可以吗？

和领导沟通的第三个技巧，是先说结论，再展开分析。

很多人说话时篇幅冗长，而且喜欢先对问题进行一大通分析，再做出结论。而分析问题时，由于涉及面比较广，要么容易跑题，要么越说越乱，导致表达过程十分凌乱，过于烦琐，很不利于职场这种需要高效沟通的场合。

一般来说，要先亮出自己的结论。

这样不仅可以提醒自己后面的发言要紧扣论点，也可以让领导第一时间了解到我们的观点和态度。

这样，在展开分析的时候，领导就能更好地跟上我们的表达节奏，有利于我们更高效地完成工作，节约时间成本。领导也会对我们的工作能力更加认可。

最后，说完后，要积极征询领导的反馈意见和建议，以确保自己的表达清楚、没有歧义，也让领导感觉自己是受尊重的，自己的意见是被看重的。

如果有自己的想法和建议，不妨直接讲出来，和领导、同事一起讨论。

其实，为了更好地开展工作，领导一般都会乐意和下属交流，听取他们的意见。

一个好的领导，思维不会太闭塞，说话方式也不会太强势，所以但说无妨。

职场新人，有时候不是不愿意和领导沟通，而是害怕沟通，害怕说错话得罪领导，让领导觉得自己很笨拙。

不说话固然不会错，但也不会对，只会日渐被无视，成为公司的边缘人。

案例2：如何才能赢得客户的信任

小王和小张都在本地的一家4S店工作。

同为汽车销售人员，小张的业绩总是强过小王，后来，小王开始留心观察小张的工作方式。

有一次，一位对汽车颇有研究的客户问小张："你们这个车子的发动机声音大吗？"

小王以为小张会按照培训时的套路回答："不大，没有声音。"

但小张却说："大哥，您是懂行的人，我跟您说实话，我们这辆车采用的是金属正时链条，高速运转时声音是会稍微大一点，这一点我不骗您，您上手一试就知道了，但是它的性价比足以抵消这个缺点。"

小王在心里为小张捏了一把汗，心想这单肯定黄了。

但试驾结束后，小张又多了一笔成交记录。

这时小王意识到，小张的坦诚赢得了客户的信任，所以才能成单。

如何赢得客户的信任？

首先，我们一定要跟客户坦诚相待，不要用假话、套话来愚弄对方。

必要时，可以试着直陈不足之处，尽量体现真实情况。

要知道"金无足赤，人无完人"，何况是一件商品？如果你把商品夸得天花乱坠，努力让客户觉得它完美得不得了，反而会弄巧成拙。"完美"在某种程度上恰恰是在宣告"不真实"。

案例中，小张坦然承认了汽车的噪声大。

客户试车时，如果真的听到声音较大，会有心理准备，不会抱怨，反而觉得这个销售员说话很诚恳，没有为了卖车欺骗他。

但如果小张没有事先说明情况，并且在受到质疑的时候口口声声保证汽车没有噪声，那么客户就会提高对车况的心理预期。在发现噪声偏大时，更有可能产生上当受骗的感觉。

到那时，无论小张怎么解释也没用了，甚至可能越解释对方越怀疑，因为客户已经不信任他了。

所以，一个营销人员要想赢得客户的信任，展露真实比极力掩盖更有用。

在介绍产品的时候，也不能只说优点而闭口不提不足之处。可以适当承认一些非致命的不足，让人觉得遇到了敢于说真话的靠谱的推销员，让自己更容易被人接受。

其次，要表现出自己的专业水准。

作为一位销售人员，我们应当熟悉自己从事的领域，能够灵活运用各类专业术语。并且，端正的工作态度、严谨的工作作风也是帮助我们赢得客户信任的基础。

就拿案例中的汽车销售行业来说，客户很有可能并不了解具体车型，需要销售人员提出具有针对性的建议。

比如，要什么样的价位，客户最看重的是车辆的哪一个方面，是否对某个品牌的车辆有偏好，这些都需要销售人员利用专业知识进行解答。如果客户觉得和你沟通时很有收获，会把你视为可靠的沟通对象，再想拉近距离、提升信任度就会容易很多。

现在，信息网络这么发达，如果你不够专业，出现知识性错误，客户用手机一搜就会知道。

所以，一定要提升自己的专业知识，不能毫无根据地瞎说，也不能为了不让对方抓住把柄，说一些听起来冠冕堂皇，实际上毫无内容的套话、空话，否则只会让客户产生怀疑和厌烦心理，从而失去对你的信任。

再次，我们在销售过程中不要把客户当成敌人，而要把客户当成同盟。

很多客户不信任销售人员的原因是，他们认为销售人员是从中拿高额提成的，因此总是处处留神和提防，生怕中了圈套。

在这种情况下，我们就需要对自己的职能进行重新定义。我们要让对方相信，虽然我们靠这份工作养家糊口，但我们赚的钱是建立在帮助他解决问题、服务他并使之达成目的的基础上的。

比较好的方法是，在客户犯难的时候，先把自己的困难之处说出来。如果你能在某个问题上表现得和他立场一致，就更有可能与他建立起同盟关系。

比如，一些4S店可能会收取上牌服务费、车辆出库费等杂七杂八的费用，引起客户反感。

这时，我们可以说："唉，每次跟客户谈这些费用，我都觉得好难受。我巴不得不要收了。如果哪天取消了，我真是谢天谢地。这些费用是我们代收的，就像念书的时候班干部代收班费一样，最终还是用在班级事务上，不会进我们自己的口袋。但是收钱的时候，弄得好像是给我们小费似的，真是让人太为难了。"

这样我们就把自己放在了和客户同样的立场上，在情绪上与客户产生共鸣。在感受到我们跟他是站在同一边的时候，客户也更愿意配合我们的工作。

除此之外，我们可以引用一些成功案例来强化客户的信任。

在博取客户的青睐时，我们可以试着介绍自己经手的典型客户，积极地借助一些成功案例，表现出自己的个人能力，消除客户的疑虑，赢得客户的信任。

事实胜于雄辩，其他客户的经验总结或评价往往具有较高的参考价值，所以销售人员在向客户证明自己所销售产品的优势时，不要只做理论阐述，可以引用一些老客户的购买案例或好评，这样会更加具有真实性，让客户意识到，他们也可以拥有前者的体验感。

比如，我们在淘宝购物的时候，总是会先找买家秀，而不是卖家秀，因为我们默认买家会如实反映商品状况，不会出于经济利益帮着卖家欺骗其他消费者。特别要注意的是，在使用成功案例的时候，应当对一些细节有所把握，不能千篇一律，让客户感觉你的陈述不够真实，是为了让他掏钱而故意编造的谎言。

当然，你要尽量提供全面客观的信息，必要的时候，可以引用权威观点。

如果客户想要选一款较为环保的汽车，你在推荐时，可以强调它接受过某权威环保测评中心的测评，甚至出示测评报告，一一分析上面的各项数据和结论。

这样有板有眼的信息会让对方相信你的专业素质，认为你值得信赖。

最后，我们要注意形象，保持自信的仪态。

试想，如果一个衣衫不整、形容枯槁的人向你推荐某款西装，或者一个面黄肌瘦、看起来营养不良的人向你推销保健品，你肯定会产生一种不信任感。因为人们会下意识地通过第一印象对别人进行判断，再决定要不要继续去了解他们所推销的产品。

得体的装扮和优雅的谈吐是必不可少的职场规范，更是对自己职业和顾客的尊重。

　　在和客户交往时，一定要树立一种自信的理念，相信自己能取得最终的成功，也相信自己的产品和服务能让客户满意。当我们具备相信自己的信念时，周身会散发出一种自信迷人的气场，自然能够博得顾客的信任。

案例3：如何巧妙地拒绝
朋友不合理的要求

你和朋友小颖在同一家公司上班。

你的业务能力很强，常常能够保质保量地按时完成任务。

小颖却拖拖拉拉，每次快到截止日期时就跑来找你求救。但你渐渐发现，她并不是因为能力不够才没办法完成任务，而是习惯不好，喜欢拖延，常常等到来不及了才想到向别人求助。

今天，她又来找你帮忙，而你不想再帮她了。这时候，你会怎么说呢？

A. 这个事情听起来挺难的，我可能做不好。

B. 不行，自己的事自己做。

C. 对不起小颖，我最近太忙了。你实在着急的话，可以找陈姐帮忙。

D. 我最近状态不太好，下次吧，有机会一定帮你。

从小接受的教育告诉我们：一定要当个乐于助人的好人，这样才会被大家喜欢。多少人因为这句话，变成了讨好型人格？

的确，对需要帮助的人伸出援手是值得鼓励和赞扬的善行。但是，许多人在帮助别人的时候，不惜否定自己的利益和感受，无条件地牺牲自己来满足别人。

这种"老好人"行为，会过度消耗自己，甚至让自己陷入心理亚健康状态。或者，会让自己对他人心生不满却敢怒不敢言，导致人际关系的恶化。所以，我们要学会拒绝。

在学习如何拒绝别人之前，让我们先来聊聊什么是正确的拒绝姿态。

首先，一定要坚定。

坚定意味着理直气壮，"这件事没得商量"。维护自己的利益是合理正当的事，可以光明正大地做，不必遮遮掩掩、畏畏缩缩。一旦你表现出犹豫，对方就觉得有了可乘之机，认为这件事还有回旋的余地。

更糟糕的情况是，在你犹豫地说出自己的理由后，对方看你说话吞吞吐吐，会觉得你是为了拒绝他而随便撒了个谎，就会对你留下不好的印象，认为你这样的朋友不值得深交。

其次，要友善温和。

拒绝别人，不代表我们"恨他"或者"不喜欢他"。我们拒绝，只是因为不想做这件事而已。

在沟通的时候，不要用一些过激的词语和语气，避免显得自己充满敌意甚至恶意，比如，"我就是不想帮你，你能把我怎么着？"拒绝的时候，要记得表达自己的关心和善意。

最后，不要有羞愧心理。

当别人向你开口求助的时候，心里必然已经做好了准备，你可能答应他，也可能拒绝他。你选择说"不"，是他意料之中的，不会让他措手不及或者陷入走投无路的境地。

你不帮忙，是因为你有自己的理由，或者能力有限无法做到，而不是在故意刁难对方。所以，不要觉得自己欠了对方什么，也别担心自己的形象受损，你没有做错什么。

接下来，让我们聊聊如何巧妙地拒绝朋友不合理的要求。

招式一：贬低自己

在案例中，A选项使用的就是这一招。

在面对朋友的要求时，你可以先贬低自己，说自己不了解这方面的知识，实在没办法胜任。如果对方知道这是你擅长的领域内的事，你就可以说："最近状态不好，工作总出错，都被老板骂了好几回了，真是一点干活的心情都没有了。"

不过，从A选项的回答里，我们能感受到说话者的犹豫。所以对方可能会说"没事，你先试试看行不行"，或者"我要求不高，完成就行"。

遇到这种情况，我们要态度更为坚定地进行拒绝，把话多说几次，让对方了解到，你既没有做这件事的能力，也没有做这件事的意愿。

招式二：先发制人

没有人会找一个和他一样需要帮助的人，或者比他更惨的人帮忙。所以，在发现对方想找你帮忙的时候，可以先发制人地诉苦。

C选项中的"我最近太忙了"，就是这个意思。

在讲述的时候，我们还可以说得更具体、更动情。比如："哎呀，你不知道我最近有多倒霉！前几天，我光是××项目的策划书就交了五个版本，全都被打了回来。结果晚上回家发现空调坏了，热得我一晚上没合眼。今天又一大早到公司改策划方案……"

你话还没说完，对方已经不好意思继续让你帮忙了。

招式三：献可替否

"献可替否"是个成语，意思是提出可行的方案来替换掉不可行的方案，即拒绝别人的同时，给他一个替代方案。

这一招相当于给对方一些补偿，让他感受到：虽然我没办法帮你，但我还是在意你的。这样他的情感会得到满足，并且，如果你的建议真的有用，他也会对你心存感激。

需要注意的是，你的建议最好直接针对这个事情，而不是把烫手的山芋抛给别人。

比如，在此案例中，你可以说"我之前在网上看到一篇文章就是谈如何处理这个问题的，要不我推给你参考一下吧"，但是要尽量避免说"你可以去找×××帮忙"。

C选项中，回答者提出的替代方案是"找陈姐"，就是错误示范。如果"陈姐"知道是你让她陷入了两难境地，肯定会对你心生怨怼。

招式四：使用模糊词

D选项中"有机会一定帮你""下次吧"之类的说法，你一定常常听到。

这是我们很常用的一种拒绝方法：含糊回答。

我们使用的模糊词，会让我们看起来很为难，似乎很想帮忙，只是客观条件不允许。

这样的回答，既不会驳了朋友的面子，也不会显得自己像是不愿意帮忙的人。

至于"下次"是什么时候，在社交法则里，大家都明白它是个托词，不必深究，更不要把它当成一个承诺去执行。真到了下次，你还是可以说"下下次吧"。

招式五：坦诚相待

对待朋友，跟对待陌生人和点头之交还是不一样的。既然你知道他的问题出在做事的习惯和章法上，那么为了有利于他的长期发展，你可以直接指出来。

你可以利用自己业务能力强的优势，帮他分析其行为模式，找出其中不合理的地方，建议他进行优化。

不过，说话要委婉些，不要因为抓住了对方的缺点就居高临下、毫不客气。

B选项里的话虽然话糙理不糙，但因为过于生硬，很有可能伤害到对方的感情。即使是朋友，也要照顾对方的感受呀。

案例4：如何拿到心仪的offer

小敏是一个中文系的大四学生。

她成绩不错，拿过几次奖学金；擅长写作，在学校的征文比赛中数次获奖；担任过班级报纸的主编，负责组稿、编稿、写稿等多项任务。但她缺乏实习经历，也没有处理图片和剪辑视频等技能。

最近，她申请了一个新媒体运营岗位，基础要求是能够撰写高质量文案，如果会使用PS、PR等软件可以加分。

虽然通过了目标公司的简历筛选，进入了面试，但她担心自己的缺点太明显，没有竞争力。

在这种情况下，她要如何在面试中取得优势，拿到心仪的offer呢？

我们的一生会经历大大小小的面试，或为求学，或为求职。

如果你的口才大于实力，就要把握好面试的机会，用卓越的沟通能力征服面试官，实现逆袭；如果你的实力大于口才，就要保持平常心，认真准备面试，不要因为不善言辞而乱了阵脚，导致发挥失常，没能展现自己的真实水平，与心仪的工作失之交臂。

"STAR"法则是结构化面试中的一个重要理论，许多面试官都是按照这个逻辑提问的。

这个法则一般用来考察被试者的项目经历，以获知对方的经验构成、工作能力、工作方法等信息。

其中，S指Situation（情境），即项目背景；T指Task（任务），即在项目中需要完成的具体任务；A指Action（行动），即为了达成目标采取的措施；R指Result（结果），即项目最终的完成情况。

我们可以提前把自己做过的项目按照这个逻辑梳理和讲述几遍，面试时如果被问起，就能从容作答。

案例中的小敏有很丰富的项目经历，她担任过班级报纸的主编，负责组稿、编稿、写稿等多项任务，因此可以选择一次能展现出自己优秀的工作能力和团队协作能力的经历，作为例子进行分析。

比如，大二的秋天，正值学校百年庆典，所以选择以"×校秋色赋"为题，面向全院学生征稿，希望从中挑选出十篇优秀稿件，刊登在当期的班报上。

一开始，除了本班的同学，几乎没有收到任何外来投稿。

为此，小敏采取了以下措施：（1）申请场地，举办宣讲会；

（2）联系各班班委，请他们帮忙利用班级群或班级生活号进行宣传；（3）联系辅导员，请他同意给参加本次征稿活动的同学加分。

如此一来，收到的稿件增加了好几倍。

小敏把班报的小编分成两组，对稿件分别进行初审和二审，再由自己和辅导员进行终审。

最终，班报刊出了十篇优秀稿件。

同学们的文章写得十分精彩，老师们都连连称赞。

在具体介绍一个案例的时候，要凸显出你做了什么，你和其他参与者如何互动，如何推进项目的进程，过程中遇到了什么样的困难和挑战，你是如何积极想办法并主动克服的。而且，随着各种技术的快速演进和更迭，企业招聘时会在意你对新事物的好奇心、接受能力和学习能力。

如果你有为了完成某个项目而迅速了解某个领域、掌握某项技能的经历，一定要在面试中表达出来。

很多面试官都喜欢问：请描述一次你的失败经历。

这类问题如何回答？

首先，你要明白面试官真正想问的是什么。他绝不是想看你出丑，或者从你的失败经历里获得优越感，而是为了知道你是如何面对失败的，你从中学习和总结到了什么。

所以，千万不要自我感觉良好地说：我没有失败经历，到目前为止，我想做的事情都成功了。

或许，面试官在听到这个回答后，会想让这次面试成为你的第一次失败经历。

在描绘失败经历的时候，我们依然可以使用上文提到的"STAR"法则。

不过，对过程的描述要简练，真正需要展开的，是你面对失败的态度、采取的补救措施、总结出来的经验教训以及它们对你未来的工作会有什么帮助。

有时候，公司招聘之所以青睐有工作经历的人，不仅是因为他们成功过，也因为他们失败过，所以知道如何避雷。而且，"不害怕失败"这个品质很难得。

很多心理不够强大的人，抗打击能力弱，稍微遇到一点点失败就情绪崩溃，更别提从失败中汲取经验了。

如果你能积极应对失败，把负面经历转化为正面经历，自然会更有竞争力。

被誉为国内"最好的经纪人"的杨天真曾在求职真人秀《令人心动的offer》中谈到，如果面试一个相貌出众的人，在问起他的自我评价时，他没有大方地承认相貌带来的优势，那么就不会要他。因为这说明他根本没有意识到自己的优势在哪里。

可见，能够正确评估自己的优劣势有多重要。

在回答这类问题时，不要因为谦虚而不敢说自己的优势。

因为面试的过程中，面试官已经对你有一些判断了。你说出自己的优势不会显得自负，不敢说倒显得不自信。也不要因为不想太快暴露自己就闭口不谈缺点，或者给出"完美主义""太努力了"之类根本不是劣势的劣势，这样显得十分虚伪。

在谈论自己的优势时，我们一方面可以坦然承认自己为人称道的一些品质和能力，另一方面也可以结合企业对于人才的需求，谈一个相匹配的点。

同时，不能只是抛出一些形容词，而要举例佐证。案例中，小敏可以说自己的优点是学习能力强，在学校成绩名列前茅，每年都拿奖学金。

在谈论自己的缺点时，要避免避重就轻，或者谈论非职业缺点，比如有洁癖、喜欢购物等。

同时，也不要谈一些致命缺点或难以改正的缺点，比如不擅长用电脑、不喜欢学习新技能等。

最好说一些正在改正的缺点，比如自己有时候太关注细节，慢慢发现，这样做有时候会耽误工作进度，所以自己正在调整。

案例中，小敏担心自己由于缺乏PS、PR等技能而丧失优势，那么可以在这一环节表达出自己的担忧和处理方式，让面试官了解到自己并不是不愿意学。

可以说，自己的缺点是对于一些新媒体运营的必要技能掌握度不够，正在自学，此前觉得很难，但是学进去之后发现很有意思，收获很多。

　　在面试时，要保持镇静，见招拆招，让面试官看到你不仅有实力，也有口才，从而顺利拿到心仪的offer。

案例5：如何为自己的错误行为致歉

小刘和小唐是同事，关系还不错。

一次，小刘不小心弄坏了小唐的电脑，里面有小唐没来得及保存的策划书，两人爆发了激烈的争吵。

小刘觉得两人关系很好，而且自己已经答应出钱维修电脑，所以没有诚挚地道歉，只是随口说了一句："对不起……但是你这电脑也太老了，我刚用了一小会儿就坏了，你该不会是故意来碰瓷我的吧！"

小唐很生气，要和他绝交。

小刘终于意识到了问题的严重性，便主动找到小唐道歉，他说："对不起，那天争吵是我不对，算我错了。"

小唐一听，更生气了："是，你委屈了，你这么完美的人还会犯错？是我错了，是我不该把电脑借给你！"

小刘说："我都向你道歉了，你还想怎么样？还没完没了了！"

小唐说："我就是跟你没完！谁叫你道歉了？我不接受！"

两人越吵越凶，闹得公司尽人皆知。

如果你是小刘，你会如何处理这件事呢？

在这个案例中，小刘的道歉很不及时，而且方式出了问题。

小刘虽然有道歉的意识，却没有摆正自己的位置，最终不仅没能取得小唐的谅解，反而激怒了对方，让道歉变成了吵架。

在为自己的错误行为致歉的时候，我们一定要端正自己的态度，真心实意地表达歉意。

只有这样，道歉才有可能被对方接受。千万不要敷衍，否则只会火上浇油。

本案例中，小刘一开始根本没有意识到自己给小唐的工作造成了多大的困扰，选择了用开玩笑的方式说"对不起"。

但小唐正处于心血付之东流的悲愤中，小刘的玩笑无法缓和紧张的气氛，更不会安慰到小唐，只会让小唐感到自己的情绪被轻视了，所以一怒之下想和小刘绝交。

在意识到事情的严重性后，小刘终于决定好好道歉，但他说出来的话不像是诚恳认错，倒像是责怪小唐做错了什么，而他舍不得这场友情，才勉强出面认错。

小刘似乎认为，一旦自己道歉了，对方无论多生气，都要无条件接受他的歉意，立马跟他和好。这是一种错误的道歉心态。

很多时候，道歉不是轻飘飘说一句"对不起"就可以的。正确的道歉态度，首先是真正明白自己犯了什么错，在什么方面伤害到了别人。道歉要有针对性，对症下药才能药到病除。

小唐生气的原因是自己辛辛苦苦做的策划书没了，而不是电脑坏了。小刘的道歉把注意力放在电脑上，承诺出钱维修，但并没有关注到小唐可能要重新写一遍策划书。如果小刘能够发现这一点，在道歉时着重提及，由此更能直接有效地安抚到小唐的情绪。

要做好多次道歉的准备。第一次道歉的时候，对方往往在气头上，说出来的话是基于情绪而非理智的，不接受道歉的可能性较大。这就需要我们在之后的时间里进行多次道歉，让对方感受到我们是真的意识到给对方添麻烦了。

比如，小刘除了在事发当天表态，第二天看到小唐在重写策划书时可以说："对不起，真的辛苦你重新写了，以后我一定小心。"

要选择更正式的道歉方式。有些人害怕直面对方，所以选择打电话，或者发信息。实际上，当面道歉会更好。许多正式的事情，都是面对面进行的，比如会议、颁奖礼、毕业典礼等。当面道歉会更有仪式感，体现出你对这件事以及对对方感受的重视，显得态度很端正。

你可以把对方约出来进行一对一地沟通，但千万不要当众道歉。在公共场合，对方会由于感受到舆论的压力，不敢表露自己内心真实的想法，从而被迫接受你的道歉，事后不仅不会谅解你，可能还会加深对你的误解，认为你是故意要手段。

我们在犯错之后，要及时道歉。

把握正确的道歉时机，有利于获得对方的谅解。

心理学家的研究表明：被道歉方解释了自己为什么生气后，是道歉的最佳时机。如果对方没有说，我们可以主动提问。

案例中，小刘主动提出维修电脑后，发现小唐怒气未消，就可以问他："我比较笨，惹你生气了，但我不知道你生气的真正原因是什么，你能告诉我吗？"

这样的提问能让小唐感受到小刘在关注他真正的需求，讲话也会更心平气和一些。

有时候，我们会遇到一些特殊情况，导致不能马上道歉，错过了最佳的道歉时机。但我们不能得过且过，装作什么都没发生，应当在日后找准时机，尽早表示歉意。这既是对自己犯下错误的补偿，也是对其他人的尊重。

闻一多早年因观点不同，曾与鲁迅有些过节。后来，当他发现自己的理念有问题，想要和鲁迅道歉时，却为时已晚，因为当时鲁迅已经逝世了。

于是，在纪念鲁迅先生的大会上，闻一多当众承认了自己的错误，与会者无不被他的坦诚打动。

要知道，有时候我们没能及时道歉，对于自己来讲可能没有什么，但是被道歉方和其他知情人士可能永远也无法遗忘。

小刘在第二次道歉时，明明已经意识到自己的错误，却还是道歉失败。

原因在于，他使用了大量诸如"算我错了好吧""你还想怎么样""还没完没了了"之类并非道歉的语言。

这些更像指责的语言，会迅速激化双方情绪，让矛盾升级。

很多人在道歉时，并不知道应该如何通过语言表达歉意。

首先，不要害怕说出"对不起""我错了""下次我再也不敢了"等词句。

有些人太要面子，认为这些话有损颜面，显得自己低人一等，所以不敢说出口。这是不对的。正因为难以开口，包含这些词的道歉才显得有分量。

其次，可以在道歉词前，添加"真的""实在"等表示愧疚程度的修饰语。

当我们因为说错话或做错事而伤害别人时，对方往往会遭受多重伤害。要想道歉成功，关键在于让对方感觉到，我们也受到了同等程度的心灵伤害。

再次，肯定对方的负面情绪。

多说"你现在的心情我很理解，换我我也会很生气""你生气是应该的，你骂我吧，我不会回嘴的"之类的话，让对方体会到你在感同身受，而不是置身事外。

最后，要避免像小刘一样，使用错误的道歉语言。这些话徒有道歉语言的外壳，内里的核心却仍然是不知悔改，甚至是指责对方。

比如，"你别生气了"，意思是"虽然我做错了，但是你不能生气，不然就是你错了"。

再比如，"是我不懂事，你别往心里去"，潜台词是"我涉世未深，出错情有可原，你如果不肯原谅，就是小肚鸡肠"。

这些话让我们看到的，是一个趾高气扬、咄咄逼人的人，而不是一个承认错误、低头道歉的人。

发生的事情已经发生，我们改变不了，所能做的就是尽量挽回损失，抚平创伤。而这不是口头上的道歉就可以做到的，应当针对具体问题，拿出解决方案。

在案例中，小唐的策划书丢失，小刘可以说："对不起，都怪我弄丢了你的策划书，我会让维修师傅看看能不能帮你恢复，如果不能，你有需要帮助的地方可以随时找我。"

这样，对方能感觉到你是在尽力补救，而不是敷衍了事。有效的道歉不是为自己辩解，也不是欺骗别人以获得原谅，而是把损失和伤害降到最低。

"道歉有用的话，要警察干什么？"这句被大家当成段子的台词，道出了一个残酷真相：有时候，道歉不会起到任何作用。

没有人有义务接受我们的道歉，尤其是当我们的错误造成了很严重的后果的时候。不小心犯错的是自己，承担责任的却是别人。

所以，我们不要强求别人原谅自己。既然已经在自己的能力范围内做了应该做的，在完成"道歉"这一环节后，就没什么好遗憾的了。坦然接受对方的拒绝，不要怀恨在心。

重要的是，吸取教训。以后，不要再犯同样的错误了。

案例6：如何巧妙地批评和纠正别人

你是一个中学老师。

班上有一个特别调皮的学生，他不太尊重老师，常常给老师们取难听的外号，甚至当面这样叫他们。

他成绩不好，上课爱讲话，作业也不按时完成，所以老师们也不喜欢他。

但他在同学中人缘很好，每次开老师和学校的玩笑时，都有很多人捧场。

你担心，久而久之，班上风气会越来越差。

有一天，你无意中路过教室，听到他在同学们面前骂你，偶尔还夹杂着一些粗话。

这时候，你会：

A. 走进教室，大声斥责，并要求他道歉。

B. 走开，装作没听见。

生气的时候，我们都很难控制自己的情绪，所以批评和纠正他人时，不免带着怒气。

可是每个人都有犯错的时候，有些还是无心之过。而"批评"和"纠正"这类行为很多都发生在师生、亲子、上下级之类角色不对等的情境中。

如果你过于严厉地指责甚至谩骂，会激起对方的逆反心理，让沟通无法继续下去。批评他人的目的是让对方认识到自己的错误，并纠正它，而非对他人进行负面攻击。

所以，要友善提醒，而不是严厉指责。

比"挨批评"更糟糕的事情是"在大庭广众之下挨批评"。

比起独处，在人前，我们会更注意自己的形象和状态，也就是说，会更在乎自己的面子。在公共场合或者人多的地方受到批评，我们为了保住自己的颜面，会更倾向于反驳，并且事后每每想起都尴尬难当，觉得内心受到的创伤难以抚平。

更何况，案例中的批评对象还是一个中学生，正处于敏感、叛逆的青春期。

所以，如果选择A选项，那么很有可能导致师生关系恶化，学生从此无心学习，整天和老师对着干。

当然，我们也不能采用B选项的做法，把头埋在沙子里，对可能出现的负面影响视而不见。班风已经逐渐变差，需要你采取行动，肃清风气。

合理的做法是，把这位同学单独请到办公室，进行一对一地交流。

好了，现在，你和这位同学坐在办公室里，面面相觑。

你会怎么开口跟他谈这件事？

我建议你不要直入主题，先用一系列夸奖做好铺垫。

比如，你可以夸他最近成绩有进步，或者上课比以前认真了。这些话会让他感受到自己是被高度关注的。你不仅关心他，还夸赞他，他会更愿意听从你的话，按照你的要求进行改善。

接下来，你可以跟他聊聊他的错误行为。但注意，语气不能太生硬，要委婉一些。

最直接的做法就是，多用疑问句，少用陈述句，尤其是否定句。当我们带着情绪时，会不自觉地使用这些说法："你错了""你不应该这样做""你不要做这件事""你以后不可以再这样了"……

这些话暗含敌意，是在十分严厉地否定别人，而且很有可能伤害到对方，让他恼羞成怒，宁愿一路错到底，也不愿悬崖勒马。

在这种情况下，我们可以多使用疑问句，比如："你认为这样做好不好？""你感觉这样可以吗？""我们如果这样做，是不是会更好一点？"

这些委婉含蓄的疑问句，比起批评，更像在征询他的意见，让他感受到自己虽然犯了错，可还是被尊重的。

　　发问的目的是让他走出误区，变得更好。你们是在一起为他变得更好而努力，而不是一个正确的人在嘲笑和攻击另一个人的错误。

　　在批评的过程中，要对事不对人。

　　他做错了什么事，就批评什么事，不要引申到其他地方。不能因为他做错一件事，就认为他整个人都不行，还用"根本""总是""从头到尾""不可救药"等话语对他进行人身攻击，把他说得一无是处。

　　对于受批评者，我们要有同理心。

　　想一想，如果是你被批评，你希望对方怎样和你沟通呢？

　　俗话说，知错就改，善莫大焉。做错事情没有那么可怕，"改"就是一个有效的挽救措施。人们往往会在犯错和改错中进步，任何时候别急着下定论。

　　在批评别人时，我们可以谈一谈自己以前犯过的类似错误，让对方觉得"原来你跟我一样啊"，从而把你视为同类人，愿意和你坦诚相待。

　　同时，他也会更容易接受你的建议，避免重蹈覆辙。

　　比如这个案例，我们可以跟学生说："以前老师还是学生的时候，比你还调皮。我给老师取外号，还故意当面这么叫他们。那时候我不懂，直到现在做了老师，才明白老师的心情……"

　　接着就可以引入老师对他的做法的感受，让他意识到自己的行为伤害了别人的感情。

拿自己来举例，实际上就是给对方一个台阶下。

让他可以坦然地接受批评，不必因为感到颜面不保而用各种理由进行反驳。而批评者也能放下优越感，让双方的角色更趋于平等，营造出良好的沟通氛围。

在纠正他人的错误行为时，除了使用委婉的语气提出建议，也可以采用旁敲侧击的方式。

尽量避免直接指出问题，而是要巧妙地让对方意识到自己的问题。

面对本案例中的学生，我们可以说："我听说最近班上学习氛围不太好，你有同样的感受吗？"或者说："我们班准备参加学校的文明班级评选，你觉得哪些地方是可以改善的？"

从他的反馈里抓住几个点深入问下去，最终绕到核心问题上，让他意识到自己的行为是错误的，需要更正。

在批评和纠正别人犯的错误时，还有一个重要的小技巧就是别翻旧账。

首先，我们在批评别人时别回顾过去。我们很容易有这样的表达，比如，"我注意你很久了""你一直都有这个毛病""你不是第一次干这种事了"。这些话虽然可以帮助自己宣泄情绪，但同时也会打击到对方，让他认为自己的问题太严重了，简直没办法改。批评需要指出问题，这个问题应该是当下的，而不是过去的。

　　其次，待这件事翻篇之后，我们不要总是提起，不然对方会觉得自己好像有个把柄在你手里，你总在提醒他过去的自己有多差，这样会让他对现在和将来也失去信心。

　　最后，我想说的是："我们应当立足当下，过去的，就让它过去吧。"

案例7：如何在公开场合即兴演讲

今年是你高中毕业的第十年。

同学聚会上，一直被大家称为"学霸"的你在大家热情邀请下发表了一场即兴演讲。

你十分紧张，也有些羞涩。你会说些什么呢？

我们都有可能面临这种突发状况：在同学聚会、亲友聚会、颁奖仪式、婚礼等公开场合，在众目睽睽之下被拉起来"说几句"。

如果毫无准备，所以心里会非常慌张，不仅吐字结结巴巴，内容也七零八落。

实际上，只要你能迅速地在大脑里草拟一份演讲大纲，知道下一步该说什么，做到心里有底，就能极大地缓解紧张情绪，演讲也会从容镇定很多。

怎样迅速拟出演讲提纲？

回想一下其他人的即兴发挥，许多句子和表达方式我们都很熟悉，因为他们都使用了相同的套路，一个即兴演讲万能公式：感谢——回顾——祝愿。

在接过话茬开始演讲时，我们首先要对别人表示感谢。

"感谢大家给我这次机会，让我代表同学们来说几句。感谢班干部们的辛苦筹划和安排，如果没有你们，也不会有这次同学聚会。也感谢上天，让我高中时期进入了三班，遇见了这么可爱的各位。"

我们可以感谢的对象有很多：主持人、主办方、来宾、评委、同学老师、亲朋好友、给自己莫大支持的人等。

具体感谢谁，要视情况而定。这部分内容，既可以表达谢意，显得你十分有礼貌，也能为你争取时间，让你想一想接下来说什么。

表达完感谢之后，我们就可以回忆过去了，聊一聊以前发生的有趣的或者难以忘怀的事。如果你想说的事情有点复杂，篇幅较长，可以只说一件或者两件。

比如，你可以浮光掠影地说一些片段："还记得以前，体育课的时候我们班最喜欢打羽毛球，每次都是全班浩浩荡荡地过去抢场地……"这样的片段可以多讲一些。

当然，最理想的状态是详略得当，有一笔带过的几件小事，也有详述的重要回忆。

这些例子的数量尽量维持在三个左右，太多了显得啰唆，太少了让人感觉你黔驴技穷，没什么话说了。

而且，事例要典型，可以引起大家的共鸣。不过不能为了追求共鸣而瞎编一些感人事迹，事件要真实，情感要真挚。

在回顾部分，可以用典型事例和共同回忆让大家都沉浸在对往昔的追忆和对当下的感慨中。

最后，我们可以通过表达祝愿，让情绪达到高潮，让演讲顺利结束。

首先，我们可以做个简单的总结，别让祝愿来得太突然："今天看到大家欢聚一堂，我内心感慨万千。昔日懵懵懂懂的同学们，如今都是事业有成的社会栋梁。"

在缓冲之后，就可以表达自己的祝福和憧憬："在这里，我真诚地祝愿在座的每一位老同学，身体健康，家庭幸福，事业更上一层楼！下一个十年，我们也一定要见面！"

这样，一次逻辑清晰、声情并茂的即兴演讲就完成了，是不是很简单？

在另外一些情况下，我们没办法使用这样的公式，因为场景功能不一样。

第一种情况：谈问题。

例如，在公司会议上，新入职的你突然被点名，领导让你谈谈最近遇到的工作问题。你的发言关系到老板和同事对你工作能力的评判，所以你可以使用"问题——原因——解决方案"的表达公式来组织语言。

不能只谈问题，这样会显得你没有解决问题的能力和积极性；

更不能说"没什么问题"，白白丧失一个和大家沟通的机会。

你可以说："我最近遇到的最大的问题就是，正在跟进的项目里包含了一些我不太熟悉的内容。因为对这个领域的东西，我之前确实没有太多的了解，所以我最近读了好几本入门书籍，还找了一些公开课在看，希望能够帮助我把项目更好地做起来。"

这样讲不仅让人感觉到你准确把握了自己的问题出在哪里，还找到了解决方案，并且真的在推进，执行力很高。

第二种情况：谈观点。

有时候，我们参加一些读书会、观影会或者其他活动，都有可能被邀请说说自己的看法。这里有一个被戏称为"观音按揭法"的公式：观点——原因——案例——结果。

观点要先行，首先让大家了解到你接下来的发言的核心所在。

然后解释原因，即"我为什么会持有这个观点"。

此后，为了论证观点，要举出一些具体的例子，才能说服别人，可以在单纯说理之外穿插一些故事，让演讲更吸引人。

最后，对自己的结论进行总结发言，相当于给大家复习和强调一遍你的观点。

在这类即兴演讲中，我们常常会用到这样的句式："我认为……原因是……比如说……综上所述……"

比如："我认为许鞍华对《第一炉香》的改编是成功的，而且让彭于晏扮演乔琪乔很合适。"

在张爱玲的原著里，男主人公是富家子弟，动不动就去海边晒太阳，的确应该是小麦肤色。而且他在和女主人公葛薇龙私会的时候，能够爬窗跳窗，的确要有些肌肉才行。所以我觉得，这样的选角对观众是负责的，让我们看到了和平常想象的不一样的乔琪乔。"

在即兴演讲时，为了让自己逻辑更清晰，让观众跟得上自己的思路，要多使用结构体标识词。

它们能够帮你在大家脑海里画出一个进度图，告诉大家你进行到哪一步了，且这些词的选择要和你的演讲内容相搭配。

如果你按照时间顺序来组织内容，那么就可以用"以前""现在""以后"或"一开始""然后""最后"等词。

如果按照逻辑顺序来组织内容，可以用"首先""其次""最后"或"第一""第二""第三"等词。

要想成为一个好的即兴演讲者，并非一日之功，也不是会背几个公式就可以一劳永逸的。

和学习其他技能一样，即兴演讲关键在于多练习。你可以多模拟一下前文提到的场景，并试着用表达公式来草拟演讲稿。

在这个过程中，你最好能拿笔写出演讲稿，并动嘴说几遍，而不是在大脑里演练。你可以对着镜子练习，看看自己的肢体语言和表情是否需要调整。

如果你能够坚持训练，达到灵活运用各种公式和技巧的地步，你的即兴演讲一定会更精彩、更有说服力。

案例8：如何让你的发言
赢得众人的支持

小白进入公司工作不久，由于个人能力突出，被领导看中，领导指派他接手一个未完成的团体项目。

这个项目之前的负责人跳槽了，但是没有带走他原来的这支团队，小白要想带领团队继续做出让领导满意的成绩，就必须通过自己的发言赢得众人的支持，那么如何才能在这种情况下说服大家团结一心呢？

机会是留给有准备的人的。

在发言之前，我们一定要搜集好相关背景资料，做好准备。

一般来说，如果要在公司会议上发言，需要做的准备包括日常准备、会议准备和临场发挥的准备。

日常准备是指大背景，比如公司情况、行业状况等，基本都是常识类信息。

会议准备则更有针对性，需要你根据会议主题搜罗信息，深入了解与议题相关的各项内容，包括与会人员的资料。

临场发挥需要你在前两种准备的基础上，结合会议中其他人的发言，对一些观点进行补充或延伸。

所以，在会议中要认真倾听领导或同事的讲话，记录好要点。

在案例中，小白可以在接手后根据手边已有的资料掌握项目的相关信息，尤其是项目的进度、难点和已经取得的成绩。

除了以上准备，小白还可以从领导或其他同事那里了解团队的构成以及团队中每一位同事的信息，知道他们各自擅长什么、喜欢什么，这样既有利于通过正确的途径赢得他们的好感，也便于日后安排工作。小白甚至可以试着在会前私下接触队员，和他们进行沟通。

不要因为想树立自己的权威就和他们保持距离，显得自己高高在上。这样不仅不会令人信服，反而让他们产生"你以为你是谁"的不服和反抗心理。

在发言时，如果话语听起来苍白无力，难以服众，那就没有办法赢得众人的支持。

说话有分量，才能让别人愿意把注意力放在你身上，愿意听你说话，并且让你把话讲完。

有分量的话语来自两个方面：信息和姿态。

通过前一阶段的准备，你已经掌握了很多信息。现在的问题是，如何应用它们。

首先，要把你想做的事，变成大家都想做的事。

也就是把个人的小目标，变成团队乃至整个公司共同奋斗的大目标。

比如，小白希望带领团队把未完成的项目做好，展现自己的能力，提升业绩，让领导满意。那么他在发言时，不应该直陈这些私人目标，而应该把个人目标嵌入集体目标中，说自己觉得这个项目很有意义，是完成公司年度计划的重要步骤，很开心自己有机会参与这个项目，希望和大家齐心协力完成这项工作。

其次，要展现自己的业务水平。

利用专业知识，深度分析和阐释项目相关内容，让大家觉得你有真材实料，能够胜任项目领导的职位。在发言时，可以多用专业术语，援引权威公司做过的类似案例，给大家分析利弊，告诉大家下一步要怎么做。

在姿态方面，要善用肢体语言和微表情，给人以成熟稳重的印象。越是自信、利落、大方，越能实现对会场的掌控。这部分内容，我们已经在第一章《走出沟通误区》中详细讨论过，在这里就不赘述了。

有时候，由于词语库有限，一下子想不出更多的词来描述，就会选择否定词。

比如用"不工作"描述"休息"，用"不胖"形容"瘦"，用

"不激动"表达"平静"。实际上，当你说出一个词，尽管前面加了否定词，人们还是会或多或少地感受到这个词本身形容的东西。

比如，当别人问你心情如何时，你回答"我不孤单""我没有很失落"，恰恰有可能让人觉得你有孤单和失落的情绪。

而如果你给出的是"我很开心""我太高兴了"之类的回答，对方就会真的觉得你的心情很好。

在沟通中，我们要避免使用消极语句。

美国一个环保组织在20世纪70年代初制作了一则公益广告，里面有一句标语叫"让美利坚美丽永存"，感动了全美，甚至被认为是史上最成功的公益广告。

二十年后，这个组织在新一轮宣传中请到了当年的原班人马进行拍摄。

这一次的标语是："熟视无睹，（环境污染）卷土重来。"

结果表明，这句标语的宣传效果远不如上一次。

使用消极语句，也许会引起大家的注意，但也有可能让大家认为这件事普遍存在，所以改善的意愿没有那么强烈，甚至还会让大众产生一些叛逆情绪，故意做出一些消极行为。

比如，有些小孩在看到池塘旁边写着"禁止扔石子"的时候，即使原本没有任何想法，也会想扔一颗石子试试看。

案例中，小白的发言要尽量避开消极用语，尽量说"希望大家一起好好努力，好好奋斗，共同完成目标"，而不要说"希望大家不要整天懒懒散散，迟到早退，多做一点事情就喊累"。

有一个小故事说的是：两个北方人到四川出差，饥肠辘辘时看到一家饭店很气派，招牌上写着"四川风味"。

二人心想，四川风味是个什么风味？是不是特别麻？想去吃，但又担心口味太重，到时候麻得舌头都受不了。已经这么饿了，可不能再遭殃了。

他们扭头一看，街尾转角还有一家小店，外面看着破破烂烂的，招牌都没有，就歪歪扭扭写了四个字：酸辣小面。

二人一拍大腿，决定吃这家。

为什么呢？招牌上说了，酸、辣，还是面食。

这就是具体化的作用。

店铺的名字是这家店铺的老板向顾客说的第一句话，如果这句话说得准确具体，展现了各种细节，即使是深巷小店也会顾客盈门；如果说得模糊笼统，即使里面装饰得再气派也是徒劳无功。

我们在公共场合的发言也是如此，你腹中墨水再足，说不出个所以然，大家也只当你不懂行。

案例中的小白在发言时，可以充分利用自己在前期准备中搜集的资料，为大家具体清晰地分析项目状况和目前面临的困难。

当大家看到他分析得头头是道、句句在理时，自然而然就会愿意配合他、支持他。

沟通达人脱不花曾举过这样一个例子：

一位老板想挖某企业一个高管过来，期权和薪水都给得很到位，但对方还是不愿意。

有一天，这位老板邀请他来公司参观，一路介绍公司的布局和人事。

参观的最后一站，是一间空办公室。

办公室内陈设精美，宽敞亮堂，正对着黄浦江，非常漂亮。

如果能在这里办公，真是非常幸福的一件事。

该高管问："这地方寸土寸金，怎么还空了一间？"

老板说："这原来是我的办公室。从今天起，就是你的办公室了，钥匙给你。你什么时候来，什么时候就能用这间办公室。"

这位高管就这样被挖来了。

期权和薪水很重要，但它们的冲击力，不如这间风景优美的办公室。因为办公室就在眼前，是可以在当下被看见、被感知到的，而不是一个抽象的概念。

切实可感的场景可以帮助你把抽象概念形象化，让对方在具体情境中感受和讨论问题，增加你说服对方的概率。

案例中，小白如果想要大家团结一致，比起在严肃的会议上高喊口号，不如约大家一起聚餐，最好是组织户外野餐、烤肉等需要大家一起动手的活动。

这样可以把大家放在一个需要互相帮助、关照的情境中，营造出团结融洽的氛围，有利于培养团队的凝聚力。

案例9：如何化解冷场的尴尬

经人介绍，你和相亲对象兰兰互加了微信。

聊了一段时间后，你们决定在一个很有情调的西餐厅见面。

第一次见面，你们都有些腼腆，好久都没话说，只是默默地吃着饭。

这时候，你要怎么做，才能化解冷场的尴尬呢？

面对不熟悉的人，我们很有可能因为紧张、胆怯，或者不够了解对方，而不敢表达自己，让沟通陷入僵局。

虽然说，适当的沉默可以缓解聊天的尴尬，给彼此一些思考和反应的时间。但不合时宜的沉默，会成为沟通中的障碍。

尤其是在相亲、约会之类需要给对方留下好印象的场合，容易让对方产生"话不投机半句多"的负面感受，进而把对你的印象转换成负面评价。

如何化解冷场的尴尬？

冷场这个问题的关键在于缺少话题。

如果你们俩能够你一言我一语地就一个话题深入地聊下去，或者不断地聊更感兴趣的新话题，那么还会冷场吗？

总的来说，这个问题可分为两个思路来解决：接续话题，或者转换话题。

根据回话内容，我们可以把接续话题的逻辑分为三种：上行、平行、下行。

首先，接续上行话题。

找到这个话题的母话题，然后讨论其他的子话题。意即谈论和这个话题不一样但属于同类别的东西。

比如，对方说："我很喜欢跑步，每天早上都会晨跑。"你可以说："我也喜欢运动，每周都去健身房。"

在这里，"跑步"和"去健身房"都属于运动类话题。

你也可以从兴趣爱好之类的话题展开："哇，我平时比较喜欢看电影，基本上有新的电影都会去看。"

你们可以顺势聊聊最近上映的影片，如果对方感兴趣，你们就可以沿着这个话题一路聊下去。

其次，接续平行话题。

其实就是谈论和这个话题相同的内容。

在对方说自己喜欢晨跑的情况下，你可以说："我喜欢夜跑，晚上夜景特别好看。跑完之后洗个热水澡，一觉睡到大天亮，简直满血复活。"

或者说："我喜欢跑马拉松。大学的时候，我还当过一场马拉松比赛的志愿者，觉得这个赛事很好玩，后来自己每年都报名参赛。"

晨跑、夜跑、马拉松都是跑步类话题的内容。

再次，接续下行话题。

把对方的话题看作母话题，讨论其中的子话题。也就是说，谈论话题中包含的内容。对方喜欢晨跑，那么你就可以跟她聊关于晨跑的时间、准备、习惯养成、对生活的改变等。

不过，使用这一招，需要你对话题内容有一定的了解，否则，连续的你问她答，会把约会弄得跟面试一样枯燥无味。

如果旧话题已经无法进行下去，我们就要学着开启新话题。最常见的，是讨论当下的事。比如，你们眼前的事情。

既然你们相约在"一个很有情调的西餐厅"，那就可以聊聊这家店的装潢和服务，聊聊餐桌上的菜品和饮品，然后自然过渡到聊自己的饮食习惯和偏好等其他话题。

如果你恰好对下厨一事有所了解，正好可以细聊，向对方展现你拥有的生活技能，以增加好感。

再比如，聊聊当下社会上发生的事。

关心所处的环境发生了什么，是人的本能之一。最近的新闻时事，从民生小事到大国博弈，都可以聊。还有最近上映的电影、播出的电视剧、话题度正热的综艺节目、网上流行的段子……

只要大家平时多听、多看、多关心世界上正在发生什么，就能找到层出不穷的话题。

你们还可以讨论和对方相关的事，包括对方的感受、成长经历、感兴趣的话题等。

你可以问问她今天过得怎么样，上班辛不辛苦，喜不喜欢这家店的口味，周末一般都做些什么等。

在这个案例中，你和兰兰是在网络上熟悉了一段时间后见面的，拥有一定的信息基础。所以，你可以利用之前网络聊天时获取的信息。

比如：她喜欢看书，经常在朋友圈发一些在书店的照片，你就可以问问她知不知道这附近有什么值得一逛的书店，约她饭后一起逛逛；她之前提到过在家里养了很多花，你就顺势问她餐厅里的装饰花一般是什么品种，怎么给花朵拍照好看，等等。投其所好，对方也会回报给你沟通的热情和积极性。

你们可以探讨假设的场景。

很多时候，人们都对讨论天马行空的话题没有抵抗力。

"如果必须在一个无人岛上生活十年，只能带一本书，你会带哪本？""如果你能回到过去，你会选择回到哪个时间点？"这些问题超越了时空的限制，能够引起对方极大的兴趣和讨论欲望。

不过，正因为这些虚拟场景是天马行空的，所以不要贸然发问，否则会显得莫名其妙，而要慢慢过渡，自然而然地引入话题。

比如，你可以先用科幻电影或小说铺垫一下："我最近看了一部电影，主要内容讲的是外星文明联系上了地球，要把他们的文明成果分享给人类。如果是你，你想拥有什么文明成果？"这样一来，能给对方一些心理缓冲的时间，转换话题就显得不那么突兀了。

除了接续话题和转换话题，在沟通中也要注意以下两点：

首先，别害怕否定回答。

有时候，对于你提出的问题，对方会斩钉截铁地说"不"。你不要觉得自己被拒绝了，就不敢继续了。也许你为讨论这个话题做了很多准备，没关系，这个话题不行，那就换一个。

或者，这本来是你喜欢的东西，她却不喜欢。

每个人都有自己的好恶，沟通应当求同存异，而不是要求对方什么都和你一致。

其次，可以主动聊聊自己。

有些人在沟通过程中，不断地向对方发问，让对方说了很多，但对自己的事情却守口如瓶。

沟通是双方参与的活动，如果只了解对方，不让对方了解自己，交谈同样无法深入下去。

要适时地插入交谈，把自己的情况主动展示给对方。不要总是等到对方生硬地问那句"你呢"，你才肯松口透露一点信息。

案例10：如何在生意场上
游刃有余地谈判

小李的公司近期在扩大规模。

随着员工的增加，原本的办公室显得拥挤不堪。

公司领导层决定重新购置一处面积更大的办公楼，作为办公地点。正好隔壁的公司搬迁到另一个区去了，正在抛售原办公楼，而这个公司的办公楼各方面很符合小李公司的需求。

领导层派小李和对方沟通，希望达成交易。

如果你是小李，你会怎样和对方谈判呢？

所谓谈判，就是有关方面就各自在同一问题上的利益进行的正式讨论和磋商，以达成协议，解决问题。

我们为什么需要谈判？

谈判的本质是说服。

我们总有说服别人的需要，所以就会有谈判的需要。因为每件事都牵涉各方的立场，利益不尽相同，所以大家的预期和结果会存在差距，彼此掌握的信息也不对称。

如果想让大家都满意，达到互利共赢的效果，最好的方式就是谈判。

谈判是一场有组织、有准备的沟通。

在前期准备时，除要了解与项目直接相关的专业知识、行业动态等信息，还要了解对手是什么样的人，他的人格特质、性格特点、说话方式……知己知彼，方能百战百胜。

不过，人性是复杂的，我们很难在短时间内深入了解一个人。

如果可以把他归入某个类别，通过把握这类人的特点，来解读其中的一个个体，就能提高效率。

在这里，我们需要用到一些性格测试模型，比如在谈判场合常用的"托马斯-基尔曼"模型。

这个模型把人的合作程度，也就是人际关系作为横坐标，把对自己利益的坚持程度作为纵坐标。

于是，这里就出现了五种人格：第一种，竞争型人格，对利益的坚持程度很高，但是合作意愿很低；第二种，回避型人格，不关心利益，也不愿意合作；第三种，迁就型人格，对人际关系的关注度很高，但不怎么在乎利益；第四种，合作型人格，既关心利益，也关心合作；第五种，妥协型人格，处于坐标系的中央位置，在乎利益，但对利益的坚持程度不如竞争型人格；也关注合作，但是合作意愿低于迁就型人格。

知道对方属于什么类型之后，要因人而异地选择谈判策略。

在案例中，如果小李发现对方是迁就型人格，对人际关系很敏感，在沟通过程中更关注双方情绪、感受和现场氛围等，就可以选择打感情牌。

只要感情到位，就有机会打动对方，让他做出利益让步。

谈判的目的是满足双方需求，但过早暴露真实需求，会让自己陷入被动。

当对方看透了你的底牌，你还有机会为自己争取更多利益吗？

一些小朋友在和家长逛玩具店的时候，对于看中的玩具，他们的喜爱情绪总是溢于言表。

这时候，如果家长和店主砍价，往往都会收效甚微。

因为店主看到小孩对那个玩具爱不释手，肯定是不买不行了，所以不会给你讲价的机会。

而成年人买东西，即使再喜欢，也会装作云淡风轻，显得毫不在乎，为的就是不提前暴露自己的购买需求，避免让自己处于不平等的谈判关系中。

如果店家急欲卖出商品，可能还会降价出售，让你的利益空间更大。

所以，要握紧底牌，给自己留有余地，让自己有要价和叫板的底气，从而拥有更多的谈判筹码。

在这个案例中，虽然隔壁公司的办公楼很符合小李公司各方面的需求，领导们很满意，但在谈判中不能太早透露这个信息。

小李甚至可以故意提到有些地方不尽如人意，显得己方的合作意愿没有那么强烈。

在谈判中，因为大家会隐藏底牌，所以需要在"进攻"和"防守"中一步步找出那个可以互利共赢、达成合作的点。

在谈判过程中，势必会有让步和妥协。可如果轻易地让步，会让对方觉得你的利益空间很大，还可以继续让步。

这就是"让步贬值理论"：你的让步不仅不会换来感激，还会被对方视为理所当然，从而得寸进尺。

面对谈判对手的让步要求，你首先要注意的，就是不要轻易让步。你可以在几个回合之后慢慢"勉为其难"地同意，而不要在一开始就满口答应。

让步的时候，宁愿在小问题上多做出一点牺牲，也不要在涉及重大利益的问题上放弃底线。每一次让步，都要比之前的幅度更小，让对方感受到一种紧迫感，觉得你的退让在靠近底线，生怕逼你做太多让步会导致谈判破裂。你在让步之后，要主动向对方索要补偿。

这时候，由于你做了让步，让对方达成了目的，他也会更倾向于接受你的要求。

不要轻易让步，也不要死守立场。你要争取的不是立场，而是利益。

什么是立场？比方说，买一个扳指，小贩开价一百元，你认为它值二十元，所以出价二十元。小贩做出让步，出价八十元，你仍然说二十元。他说五十元，不能再少了，你还是坚持二十元。认为这个扳指值二十元就是你的立场，以更优惠的价格买下它是你的利益。

如果死守立场，最终只会让谈判失去意义，无法达成交易。

在这个案例中，有一条不怎么引人注意的信息：隔壁公司搬迁到另一个区去了，正在抛售原办公楼。隔壁公司为什么搬迁，又是出于什么需要抛售办公楼？

这很有可能是一个"黑天鹅信息"。

美国风险分析师塔勒布从欧洲典故中总结出了一个风靡一时的"黑天鹅理论"：你不知道的事比你知道的事更有意义。

"黑天鹅事件"就是那些很罕见，但一旦发生就会产生巨大影响、难以预测和意料的事情。

如果小李沿着这个线索顺藤摸瓜，就会发现原来隔壁公司的老板由于公司搬迁，希望在公司新址附近购置住宅，所以需要资金。

他对现金流的需求程度，高于对价格的敏感度。

所以，小李可以选择让对方降价，然后给予一次性付清款项的让步补偿，这样一来，对方也会很乐意接受。

谈判中，需要我们留心观察，细心揣摩，找出可能存在的"黑天鹅信息"，让自己在谈判时更加游刃有余。

第五章　沟通达人良方

沟通就是要学会低姿态表达

近年屡次因出彩的演讲而冲上热搜的小米CEO雷军，初登演讲台时的姿态并没有多么落落大方。

他中规中矩的衣着打扮里，流露出来的是青涩和内敛。

然而，经过多年的打磨，他已变得成熟老练。

在他的演讲里，处处都是智慧与机锋。

尤瓦尔·赫拉利在《人类简史》一书中提出：人类之所以有别于其他动物，是因为拥有讲故事的能力。

其他动物能够向同伴传达"小心，别过来"之类的信息，但只有人类的祖先智人能说出"狮子是我们部落的守护神"，并且相信和服从某些并不存在的东西。

人类社会建立在我们创造和相信的各种虚构的故事之上。从图腾、宗教、国家等宏观概念，到狩猎规则、游戏规则、学生守则等具体而细微的行为指导，无不体现着故事的力量。

可以说，听故事，是人类的本能。而讲故事，在沟通中会比单纯说理更具有直击人心的力量。

在一场发布会上，雷军想向大家介绍最新款小米手机的自拍功能。现在的每一款手机都可以自拍，但在当年，这还是个很罕见的功能。

他没有直入正题，而是给大家展示了一张合照："三年前（2009年），在海淀区保福寺桥银谷大厦的一个小房间里，就是这十四个人煮了一锅小米粥，小米加步枪，怀着浪漫主义情怀，准备开创他们的伟大事业。"

他提问："谁发现有什么不对劲吗？"一下子就把全场的注意力都吸引了过来。

原来，照片里只有十三个人，而且都是男的。

雷军接着说："其实我们十四个人当中，有一个女孩儿。但是这个女孩儿在给我们拍照。"

正是由于这个原因，他找遍了所有的照片，都没能找到一张十四个人都到齐的合影，这也成了小米永远的遗憾。

接下来，他话锋一转："所以，我们决定做一个功能，喊一声'拍照'，就自动拍了。"

这就自然过渡到了对新产品自拍功能的介绍环节。

雷军通过这个小故事，赋予了产品的自拍功能以温度和意义。

像剥洋葱一样，在众人的疑惑、好奇和期盼下，雷军把尘封的往事一层层剥开，露出了最温暖的内核。

这场发布会无疑是成功的，雷军通过一个又一个小故事，把小米精神留在了每个听众的心里。

在对公众进行表达时，过多的优越感会让观众觉得你高人一等，导致沟通效果大打折扣。

例如，比起"谢谢大家，我来了"，很显然，"谢谢大家，你们来了"更能拉近表达者与听众的距离。

要学会示弱，进行低姿态表达。

这一点，雷军可谓是运用得炉火纯青。他从来不咄咄逼人，甚至会坦言自己的笨拙，显得毫无攻击性。温厚老实的形象，很能唤起观众的同理心。

雷军在小米成立十周年的演讲中，回顾了小米早年的一些"阳光灿烂的日子"，然后说："回想起来，我们也干了不少蠢事。"

比如，和董明珠打赌。

2013年，雷军和董明珠都入选了央视年度经济人物，两人为活跃气氛，打了个赌，赌小米的营收在五年时间内能不能超过格力。

雷军说："格力代表中国传统制造业，有三十年的历史；小米代表新经济，是一家成立才三年多的小公司。我只是开个玩笑，活跃一下气氛。格力是一个巨无霸，营收一千二百多亿；我们小米营收才二百个亿，只是人家的一个零头。"

在这里，他把自己的姿态放得很低。

他还专门列出数据说明，无论是企业历史还是营收，"新手上路"的小米都很难赶上格力这个老前辈，想与格力竞争，无异于以卵击石。

但雷军的想法是，就算小米输了，大家也只会觉得在情理之中，不会产生轻视或责备的想法。

结果董明珠不仅答应了，还把赌注从一块钱提到了十亿。

雷军说："那瞬间，我有点蒙，剧本可不是这样写的！赌一块钱，是活跃一下气氛；赌十亿，太夸张了吧。"

此后，不仅董明珠会隔三岔五关心一下小米的业绩，媒体也常常拿这个赌来说事。看到这件事的社会关注度这么高，小米也不得不认真起来。

五年下来，小米的营收涨到了一千七百四十九亿，涨了八倍。

而格力作为传统制造企业，表现也很杰出，涨了60%，涨到了一千九百八十亿。

雷军虽然对小米创造的奇迹非常满意，但也坦然承认："拿最后的结果一比，我们还是输了！"

紧接着，雷军话锋一转："比较戏剧的是，结束打赌的第二年，小米就赢了。"

雷军没有以强者的姿态叙事，而是继续示弱："不过，我每次想起打赌这件事情，都后悔得不得了。我们为啥招惹董大姐，带来那么多烦恼？直到最近，我才想清楚：那个时候的我们，信心爆棚，的确膨胀了。很快，小米就遭遇了非常多的成长的烦恼。经过这次打赌，我对制造业的理解又加深了一步，同时也更了解格力了。格力的确是中国制造业的典范，值得我们认真学习！"

他还是维持着一贯谦逊、虚心的姿态，对自己的不足进行了反思。他没有因为营收反超对方就盛气凌人和目中无人，而是始终把自己放在晚辈的位置上，肯定格力的地位和贡献，真正做到了"友谊第一，比赛第二"。

要记住一个人，比起他的轮廓，我们更容易记住他鼻梁上的痣或者大拇指上戴的扳指。

同样，对于一件事，我们也更容易记住那些熠熠生辉的细节。

罗伯特·希勒在《叙事经济学》一书中指出，有些故事之所以能从一众平庸的叙事中脱颖而出，进行病毒式传播，就是因为它充满了繁密的细节。这也正是雷军的故事能打动人心的原因。

雷军曾在发布会上讲过一个风雨交加的夜晚发生的故事。

那天晚上，他和同事们正在绞尽脑汁为公司想广告词。偶然间，他看到小米楼下有四五个年轻人冒着寒风，挨个和小米logo合影。

他说："他们或者是路过，或者是远道而来，为的只是来看小米一眼，我想他们爱小米。那一刹那，我有点小冲动，很想邀请他们到我的办公室去坐一坐，给他们倒杯热茶……"

那些年轻人的身影在他脑海里挥之不去，他想起自己初到北京时的情景："经过十三个小时的火车颠簸，我一个人从武汉来到了北京。那时的北京，还没有那么多高楼，但走在北京站广场，就不由得四顾茫然。"

他也想起自己初见美国时的景象："四五年前，我创办小米后第一次去美国，走出旧金山机场，我想到的第一句话，是电视剧《北京人在纽约》里姜文说的：'美国，我来了。'"

这些细节，重现了岁月深处的画面，感人至深，让观众和表达者形成了情感共振，大家都在期待最终的广告词会是什么。

在时空交错带来的无尽感慨中，雷军缓缓地说出耗时两个月想出来的广告词：我所有的向往。刹那间，许多"米粉"都流下了热泪。

沟通就是要换位思考

被粉丝亲切地称为"老罗"的罗永浩，从业经历十分丰富。

他曾先后创办过牛博网、老罗英语培训学校和手机公司锤子科技，在不少行业都留下了奋斗的足迹。

尽管他从未当过脱口秀演员，却因为脱口秀式的表达风格，被大家视为脱口秀界的代表人物。

近年来，他活跃于各大直播带货平台，成绩不俗；也常在综艺节目露面，金句频出，广受观众的喜爱。

罗永浩的外形并不出色：身形矮小，略显肥胖，浑身上下散发着一种质朴、憨厚的气息。

他在表达时，往往语速均匀，语调平缓，普通话不是非常标准，脸上没有太多表情。但他以敢说闻名，说话的内容也相当犀利。

这种巨大反差让大家觉得在他平平无奇的外貌下，掩藏着一个有趣的灵魂，让大家一下子就记住了他。

2014年5月，锤子科技成立刚满两年。

同年8月，锤子手机就受到手机测评媒体Zealer创始人王自如的高调质疑。

罗永浩不服气，邀请对方面对面PK，他们进行了一场公开辩论。

面对王自如的质疑，罗永浩一一解释，并且在沟通过程中发现对方的测评出现了很多错误，他对观众说："王自如的测评和团队，其实不像你们这些业余的在网络上看到的那么专业。坦率地讲，8月1日，我个人看完了视频，也以为我们在专业和技术领域犯了很多的低级错误，自己没有发现，被王自如发现了，所以我其实是没有好脸色去跟我们的工程师沟通的。但当我得知在技术领域里，他不懂装懂的错误给我们带来了很多不必要的影响，我才觉得有必要过来和自如做一个现场的对话。"

他说这些话时，依旧是不疾不徐、娓娓道来的口吻，但内容却是真刀真枪，火药味十足。

就在众人以为这样一个在商海浮沉数年，见过无数大风浪的人，必然是不择手段地要狠好斗之徒时，罗永浩却呈现了他的另一面：怕老婆。

他曾公开发微博说："讨好老婆才是终极生存之道。"

在接受采访时，他说："只要一个男人还怕老婆，说明这个人坏不到哪儿去，因为他至少有在意和顾忌的人。"

这些举动，让他逐渐收获了许多女性粉丝。

如今，他的直播间里，女性消费者占比已经相当高了。

逻辑反转式笑话是最常见的笑话类型之一。

一般来说，我们需要铺垫一段符合日常逻辑认知的事情，最后来一个与之相悖的反转，打破固有逻辑链，让人出乎意料，从而制造出笑料，让沟通妙趣横生。

罗永浩小时候很调皮，常常惹老师生气。

他不仅常常说老师上课讲错了知识点，有时还拿老师的小孩开玩笑。

后来老师终于忍无可忍，让自己在读高一的儿子把他揍了一顿。

这件趣事，后来被罗永浩用到了演讲中。

但他不是在表达自己的悔意，而是调侃地说："这件事我永远不能原谅！我为什么不能原谅——他明明还有个上四年级的儿子，却让读高一的儿子来揍我！"

这个反转让在座的所有人猝不及防，笑得前俯后仰。

在参与脱口秀讲演的所有演员中，开场的演员会更吃亏。

因为那时场子还没热起来，观众的注意力也不集中，包袱不一定砸得响。

《脱口秀大会》的做法一般是让嘉宾开场，让参赛选手缓一缓。但有些嘉宾缺乏脱口秀表演经验，无法完成这个任务。

节目中，作为领笑员的罗永浩也担负过这一重任。

他笑称自己是一家著名手机公司的创始人，公司全盛时期差一点收购了苹果，"后来出了一点点小问题，欠了六个亿"。

欠债之后，他的妻子在家焦虑了很多天，然后忍不住说道："要不咱们去美国，然后就别回来了。"

罗永浩说自己听了之后，劝说自己的妻子："收购苹果这件事我们能不能往后放一放，缓一缓再去好不好？"

他一本正经地说着一个又一个反转，观众的笑声也一阵接一阵，现场气氛活跃得不得了。

后台的参赛选手们也松了一口气。

"金句"指的是金子般宝贵、有价值的话语。

它通常比较短，是一句话而不是长篇大论，并且意义深刻，足够发人深省，能够与人心同频共振，甚至显现着时代的表情，可以折射出当下社会的气质和样态。

罗永浩说话就很擅长提炼金句，直击人们心中的痛点。

从网上一搜一大把的"老罗语录"就可以看出这些金句的影响力。有人说他是国内"最懂把握网民心态，从而制造话题和热点的高手之一"。

他曾说，"不被嘲笑的梦想，是不值得实现的"，"彪悍的人生不需要解释"，我们要"永远年轻，永远热泪盈眶"。这些金句像一发发子弹一样，准确、迅速地击中了广大网民的心，具有极强的生命力。

在这些金句的广泛传播下，他的知名度迅速提升，建立起了自己的励志人设，还吸引了一大批"罗粉"。

当然，在日常沟通中，大家不一定能生产出这么多言简意赅的金句。

那可以向罗永浩学一招：通过反复多次地提起，把普通句子变成金句。

在《脱口秀大会》整整一季的节目中，罗永浩都在反复强调"大局观"："出于大局观的考虑，我……"他几乎每次都用这个句式，来解释自己为何给或者不给某位选手拍灯。

到最后，这三个字成了他的专属标志，也成了一个网络热梗，让他无形之中又涨了一波人气。

所以，我们要学会提炼和使用金句。

它们能为你的沟通起到画龙点睛的作用，提高你语言风格的辨识度，增加你语言内容的记忆点或闪光点。善用金句，你的沟通效果能够更上一层楼。

综观罗永浩的演讲、采访、直播，我们会发现他非常善于调侃自己，俗称"自嘲"或者"自黑"。

这一招的效果显而易见。

首先，它能让对方产生优越感，更容易引人发笑。

其次，它不会冒犯别人，较为安全保险。

最后，用好笑的方式讲出倒霉甚至痛苦的事，能够拉近你和沟通对象之间的距离，让对方觉得你很有幽默感，愿意和你打交道。

心理学家指出，善于自嘲的人能够更好地实现自我接纳，并且更有利于人际关系的深入拓展。

"自黑"听起来简单，实则很难。

许多人没办法做得恰到好处。说得太过，让人觉得很假，不够真诚；说得不够，又让人觉得你还是高高在上，没有真正放下。但罗永浩就准确地把握住了两者之间的平衡，并在这方面大做文章。

负债六亿后，他的昔日好友纷纷离他而去。

他自嘲说，没欠债时，公司的名字叫作"老罗和他的朋友们"；欠债之后，新公司叫"交个朋友"。

还债期间，罗永浩得了场"闹肚子的疾病"，住了两天院。

出院后，他打开手机一看，短短两天竟然收到了一百多条来自朋友的问候短信，其中百分之八九十都来自债主朋友。内容都是："老罗，你还在吗？"

这些年，他始终身体力行地在坚持还债，并对还清债务很乐观。他说："等我这些债务真的全部还完了之后，可能会拍一个纪录片来纪念这一段诡异的人生旅程。这个纪录片的名字我都想好了，就叫《真还传》。"

他的一番话把负面事件转化成了观众对他的正面印象，令人拍案叫绝。

幽默是沟通的良方

幽默是一种才华，甚至是一种稀缺才华。

差一点儿成为"90后"的李诞，身上有太多让人直呼"年轻有为"的光环。他是现象级综艺节目《脱口秀大会》的策划人，《笑场》《冷场》等畅销书的作者，目前国内喜剧重镇之一——笑果文化的主创……

而他在荧幕里的那些江山，几乎都是靠"幽默"二字打下来的。

2019年，《脱口秀大会》还没火到出圈，笑果文化也不是什么金字招牌，李诞也只是一个刚在演艺圈冒头的谐星。

他出过几本书，上过几个综艺，却被邀请到如日中天的节目《奇葩说》里担任导师，和马东、蔡康永和薛兆丰等资深前辈平起平坐。

然而，作为后生的李诞毫不怯场，发言总是既令人发笑又引人深思，并且常常巧妙运用各种幽默法则，从容应对各种棘手的问题。

那会儿《吐槽大会》话题度正热，有时候风头甚至能盖过马东主办的《奇葩说》。

主咖蔡康永问他："《吐槽大会》是你做的第一个节目吗？"

李诞说："算是吧。"

蔡康永接着问："所以等于是，你初出茅庐的第一个节目就打败了马东在电视圈修炼了几十年做的节目？"

这是蔡康永一贯的"笑里藏刀"式提问，很容易让人陷入两难境地。如果一味谦虚说自己不如前辈，会因为过于正经而显得呆板无趣；如果肯定自己的成绩，又有自以为是、不尊重前辈的嫌疑。全场观众都替他捏一把汗。

结果，李诞哈哈一笑："欸，你说巧不巧！"

一句话逗得大家哄堂大笑，气氛立马活跃了起来，也让蔡康永事后连连称赞，对这个年轻人青眼有加。

李诞的回答实际上把自己和马东放在了一个对等的位置，但并不让人觉得傲慢或者冒犯。

原因在于，他把自己的优越感包裹在幽默的外壳里，让它圆融顺应，而非咄咄逼人。

很多时候，我们的优越感会在无意中伤害到听众，让笑话变得索然无味。

《脱口秀大会》里有一位叫诺拉的选手，不仅是海归女精英，也是家境殷实、事业有成的女强人。

她在段子里说自己说话喜欢中英文混用，是因为家庭语言氛围很好。

爷爷是上海人，很洋气，平时一开口就是"哎呀，telephone（电话）响了"或者"剥根banana（香蕉）给我吃吃"。

虽然，诺拉最后晋级了，但效果明显不如庞博、呼兰等一众老选手。

在点评环节，李诞忍不住跟她讨论起这段表演里的问题："我知道你很优秀，知道你很成功，知道你会很多外语，也知道你在上海过得很好，但我每次听你演讲都有很强的压迫感。"

的确，诺拉的优越条件是很多观众难以望其项背的。

如果她带着满满的优越感讲述那些只有少数中产阶级以上家庭的孩子才能有的经历，观众不仅无法领会笑点，还会觉得她攻击性太强，产生抗拒情绪，导致尬场。

相比之下，李诞在《脱口秀大会》第四季中推广新书《李诞脱口秀工作手册》时的做法，就讨喜很多。

本来，李诞作为脱口秀领军人物，近年来已经是名声大噪，被无数人奉为业内前辈和代表。

而他的这本工作手册，本来是写给公司内部人员参考的一些喜剧创作经验和实用工作方法，但许多业余人士读完后也纷纷表示受益匪浅。

在这种情况下，李诞完全有理由自命不凡，但他只是轻轻地说了句："这本来真的只是我们公司内部的工作手册，但也是受到这一季节目的启发，我不老叨咕说'每个人都能做5分钟脱口秀演员'，我就觉得大家看一看可能就会觉得——哎呀，这什么玩意儿，我也会。"

既让人感受到他身在主场而散发出来的强大气场，又把优越感可能带来的锋芒尽收于内，推销了书，也鼓舞了人心。

少用"其实"，多用"是的，而且"。

李诞曾经在一档名为《同一屋檐下》的情感类真人秀节目中担任观察员。

一次，男嘉宾刘可力想向自己的心动女嘉宾陈柳明表白。

他精心准备了一桌丰盛的饭菜，邀请陈柳明以及其他四位室友来聚餐，并且特意穿了衬衫、系了领带，十分隆重。陈柳明看到桌子上全是自己爱吃的菜，不禁问道："今天怎么这么隆重呀？"

刘可力说："其实今天就是一个，我觉得是神秘而重要的一个日子。"

他从初见陈柳明开始，细数二人认识以来的点点滴滴。然后说："成年人的爱情必定是需要有一些相互了解的过程的。其实发自内心是想找到那个对的人……但是说实话，我相信柳明跟我是同一类人。"

　　他不仅犯了当众表白的大忌，无形中给对方施加了道德压力，还在表述过程中不断地用"其实"一词和"实际上""说实话"等类似表达。

　　整场表白把自己的姿态摆得很高，正如李诞所说："他不是在表白，而是在宣布，宣布'我喜欢你'。"

　　毫无疑问，刘可力表白失败了，在节目中，他罕见地红了眼圈。

　　李诞也隔空喊话说："给你个建议，如果你非要开始说话，不要从'其实'开始。"他给大家分享了一个即兴喜剧中的小原则：Yes，and（是的，而且）。就是不管别人说了什么，你都要先说"是的"。

　　对别人的话表示肯定后，再用"而且"做开头来说自己的话。这个沟通小技巧可以让对方在情感上感受到被认同和肯定，这样就有利于对话的进行。

　　李诞直言："你训练一下这个，会对人生有很大的帮助。"

　　刘可力在荧幕之外，是一家创业公司的老板。

　　他的表达之所以有压迫感，也是平时习惯以老板身份和员工开会的缘故。如果在工作中能够学会放下架子，多表达对工作伙伴的认可，也能让团队更好地合作。

　　在这个竞争压力极大的社会中，人人都紧绷着一根弦。不管是在荧幕上还是在生活中，大家都在努力塑造自己光鲜亮丽的一面，而这背后深深的疲惫感却难以消除。大家都在咬牙硬撑，没有人敢放下包袱。

李诞参加湖南卫视田园慢综艺《向往的生活》时，给大家留下了深刻的印象。

与那些积极劳动的嘉宾不同，他呈现了一个又懒又"丧"的自己。"是的，我就是这样的。我不爱干活儿。""活儿如果不干，就没有活儿了啊。"

他甚至拿起电话，跟对象撒娇："我待腻了啊，他们总让我干活儿。"这些话语让观众看到了一个真实不做作、敢于放下偶像包袱的明星，一下子就接受了他，甚至觉得他很可爱。

在《吐槽大会》备受网友吐槽的时候，李诞并没有夹枪带棒地反击，而是坦率地说："有网友说我的节目不好看，好不好看，难道我自己不知道吗，还用你说？可我这不是水平有限嘛。"

一句"水平有限"，让所有的指责和谩骂都失效了。

说话不饶人的网友也拿他没办法，只能任由他顽皮。

放下面子，展露真实的自己，并且在面对自己的缺点和弱势时，不要试图掩盖，以一种真诚不矫饰的姿态示人，他人也会更容易接纳和信任你。

沟通就是要会说话

中国台湾金牌主持人蔡康永向来以八面玲珑的说话艺术享誉娱乐圈，主持电视节目不到三年就拿下了重量级奖项——电视金钟奖。

而台湾地区另一个重量级电影奖项金马奖，更是七度邀请他担任主持，最后一次还是独挑大梁。他的说话之道，值得我们学习。

蔡康永和小S徐熙娣搭档主持的节目《康熙来了》，陪观众走过了十几年的岁月，见证了许多地方一代人的成长，甚至参与构建了当地一代人的话语体系。

节目中，小S辛辣直爽，语不惊人死不休，很多时候都要靠蔡康永救场。他一开口，往往温润儒雅，颇有谦谦君子之风。

他一直秉持一个看法：你说什么样的话，就是什么样的人。

一对情侣同居了几年后，彼此都失去了好好说话的耐心。

一天早上，一位被另一位的球鞋绊倒，当即破口大骂："你把球鞋摆在这里，是想摔死我吗？！"

另一位也不甘示弱："对啊，你死了我就自由了！"

这样的对话，街坊四邻每天都要听好几遍。

久而久之，大家认为他们是脾气暴躁、没什么涵养的人，都敬而远之，不愿意和他们打交道。

蔡康永说："我喜欢研究说话这件事的真正原因，是通过研究说话，你会比较根本地搞清楚自己和别人的关系，搞清楚自己在想什么、别人在想什么，以及最重要的，自己到底是一个什么样的人。"

我们每天都要说很多话。如果稍加玩味，多问问自己"我为什么要说这句话""我为什么会用这种语气和态度说话"之类的问题，就会更明白别人是如何形成对我们的评价、怎样看待我们的。

我们说的话，也会影响到自己。比如，当我们采用谨慎小心的说话风格，就会更倾向于成为一个审慎的人；当我们开始注意说话的品位，也会不自觉地靠近更有品位的生活。

学习说话之道，终极目的不是掌握交流的"术"，而是拥有沟通的"道"，即认真看待人与人之间的沟通，并且通过说话，认识自己，了解别人，然后从中得到更多的力量和幸福。

很多人在说话的时候，为了不得罪人，常把"是""好""你说得对"等挂在嘴边，毫无主见，显得自己像棵墙头草，也像个老好人。

蔡康永说："适度的挑衅，能让谈话热络。因为每个人都希望自己的意见被重视、被探讨，而不是被一个完全没原则的人敷衍了事地点头称是，应付过去。"

适度的挑衅，能让对方感受到你在意他说的话，从而激起沟通的欲望。

小A穿了一条蓝色裙子，搭了条同色的丝巾，还穿了双蓝色高跟鞋。一到公司，她就问同事们自己今天穿得怎么样。

大家发现她浑身上下都是蓝色，显得有些单调。小B怕她不开心，所以说："挺好看的。"

小C却大胆直言："蓝色裙子穿在你身上怎么这么好看！不过，如果丝巾能换个颜色，比如和蓝色互补的黄色，会显得更有层次感。"

看到小C这么热情地替自己分析，小A十分开心，和她聊了好久，还约她下次一起去逛街。

在这个例子中，小B貌似很友善，实际上很敷衍。她不敢违逆对方的心情，也不敢说出带有挑衅色彩的话，也就无法提出建设性的建议。面对这样的顺从型沟通对象，小A感受不到沟通的价值，也就不会继续交流下去了。

在面对话语进攻时，挑衅是一种反击。

民间流传着这样一个故事。

美国总统林肯在擦皮靴时，一个外交官看到了，想嘲笑他一番，就说："总统先生，您总是自己擦靴子吗？"

林肯听出了对方话里有话，回击道："是啊。那你常常擦谁的靴子呢？"

如果林肯没有作答，一笑置之，让外交官得逞，对方以后就会轻视他。他挑衅地反问了对方，以子之矛，攻子之盾，既回敬了对方的恶意，也保住了自己的颜面。

蔡康永在《奇葩说》中说："我们的文化过度推崇'容忍'这件事情，结果每个人都活成了大佛，这样我们会对很多事情很冷淡，我不太喜欢这种态度。"

不要尝试做大佛，你我都是普通人，有自己的好恶。在沟通时，不妨大胆地把这些表达出来。适度挑衅，别人会觉得你们之间的沟通更鲜活。

习惯使用被动句说话的人，往往暗含着这样一种心理：我不想为我的选择造成的后果承担责任。

上课总是缺席，考试临近也不好好补上进度，等到成绩不及格，就说"我被老师挂科了"。

上班常常迟到也无动于衷，等拿到薪水，就说"我被扣了工资"。

自己投资不慎导致大额亏空，却说"我被别人坑了"。

因为多次在紧急事件中表现出毫无责任感，对象忍无可忍选择了分手，自己沮丧地说"我被抛弃了"。

在这类人眼中，自己是这个世界的受害者，所有的事都是别人的错，跟自己没有关系。把罪责推给别人当然很轻松，但是别忘了，你才是自己生活的主要决策者。如果一味进行被动叙事，我们很可能因为放任自己、苛责他人而搞砸人际关系。

生活本来就遍布胜利和失败、快乐和痛苦，你不会永远是常胜将军。少用被动式，多用主动式，不要逃避责任，别害怕对错误负责。这样，你才能把说话和生活的主动权掌握在自己手里。

很多人在谈话时，生怕彼此没话说，所以拼命寻找各种话题，想尽办法增加开口的机会。但真正会说话的人，不会一直喋喋不休。

能够顺其自然的人，才是说话高手——自然地提问和回答，自然地讲述或沉默。

回想一下，你和好朋友相处时，是一直在说话吗？

你们很可能就找感兴趣的话题聊了几句后，就陷入了沉默，开始各自做自己喜欢的事，玩手机或者听音乐。但是气氛并没有因为沉默而显得尴尬，反而充满了轻松悠闲的氛围。

我们总以为沉默会带来压力，逼得人一定要开口说些什么。事实并非如此。

　　心理学家卡瓦纳通过研究发现，谈话者在沉默中会反思自己的言行和情感体验，从而孕育出新的情绪和思想，对谈话的深入发展具有重要意义。

　　蔡康永说："沉默没问题的，沉默很正常的。要学着享受沉默。"

　　和朋友一起逛街的时候、散步看夜景的时候、下厨房的时候，"正在做的事"本身就很有趣。

　　沉默可以让"此时无声胜有声"，让自己和朋友能全身心投入，享受其中。

　　所以，别害怕沉默，它是繁忙拥挤的现代生活中的留白，它拥有治愈人心的力量。有时候，坦然的沉默胜过千言万语。

沟通中的高情商

湖南卫视的"台柱子"之一何炅，一直是娱乐圈公认的"情商教科书"。

在大型晚会中，面对各种各样的突发状况，他多次巧妙救场；在综艺节目里，当同事或嘉宾口不择言时，他屡次不露痕迹地圆场。怪不得一向以口才见长的马东都这样评价他："情商特别高，那种周到和八面来风，都在他掌控之中。"

什么是情商？

被誉为"情商之父"的丹尼尔·戈尔曼在《情商：为什么情商比智商更重要》一书中认为，情商包含五个方面：了解自我、自我管理、自我激励、识别他人的情绪和处理人际关系。

要想情商高，首先，要能够实现自我认知和调控。

何炅曾经讲过自己初登主持台的糗事。

十多年前，他曾主持过某音乐节目，其中有一期，节目组请了当年最红的一位歌手。

　　然而在采访过程中，该歌手一直在笑，要么是看着何炅冷笑，要么是低头摸着鼻子笑，没完没了。

　　何炅感到来宾非常不尊重自己，心生愠怒，但还是试图理解对方：也许他走的就是这种玩世不恭的路线。就这样，他强撑着主持完了节目。

　　录制结束后，何炅还是忍不住直接对该歌手说："请你尊重我的工作，你这样一直笑是不对的。"

　　结果该歌手表示："是你一直叫错我的名字。"何炅这才发现自己全程都把该歌手喊成"陈奕迅"，包括英文名也是把"Edison"喊成了"Eason"，这失误太荒谬了。

　　于是，他连连道歉，也配合摄制组将相关内容进行了补录。

　　在这件事里，何炅发现该歌手的举动不得体后，并没有马上发脾气和质问，而是意识到了自己出现的负面情绪，并通过理解和合理化对方的行为来调控自己的情绪。

　　在事后和对方沟通这件事时，他也没有出现情绪失控的情况，而是将它们适时适度地表现出来，体现出对内心世界情绪体验的高超把控力。

　　除了对自我的认知和调控，高情商的另一个重要表现是善于与他人进行良性沟通。我们可以通过细微的社会信号察觉他人的需求和欲望，即识别他人的情绪，从而更好地处理人际关系。

　　曾经在一次颁奖晚会上，身为主持人的何炅按照流程送给演员任达华一盘杏仁饼干。任达华接过饼干正欲下台时，不慎掉出几块。

　　这个小插曲虽然算不上是什么重大失误，但看得出任达华的紧张和尴尬。

　　何炅立马把掉落的饼干捡了起来，说："您这还留了几块给我呢。"既缓和了气氛，也为后来登台的嘉宾清理了舞台障碍。

　　还有一次颁奖典礼上，开奖嘉宾手上拿的平板突然黑屏，无法显示得奖人的姓名。台上诸位面露难色，只有何炅不慌不忙，只见他慢慢走向嘉宾，把台本递了过去，说："我们除了有最高端的科技，也有最原始的手段。"

　　短短几句话，就完美地解决了问题。那种从容不迫的状态，让人觉得泰山压顶也不过是小事一桩。

　　娱乐圈里，有机智急才、能救场圆场的主持人不在少数。

　　但像何炅这样，能够照顾每个人的情绪、回应每个人的需求，说出来的话总让人如沐春风的，的确是凤毛麟角。

　　在辩论综艺《奇葩说》中，嘉宾春夏被选手的发言感染，动情地说："因为我们做演员的，其实就是把自己的心碎变成艺术。我没办法感激这个心碎，因为我的工作无法真正地心碎。我的每一次心碎都是我的工作，我说不清那个感觉……"

　　她一时不知道怎么说下去，在座许多观众并没有听懂，场面一度十分尴尬。

何炅立马接过话茬，替她解释道："演员有时候会有种职业病，当生活暴击他的时候，失去亲人的时候，他在最难过的时候，他甚至还会有一个自我在旁边提醒自己说，记住这种感觉，下次演的时候，就是这个感觉。所以这就是春夏刚才说的，其实还蛮不容易的境界。"

说完，他回头问春夏："是这个意思吧？"

而春夏已经鼓起了掌。

尽管春夏的发言由于情绪激动难免表意模糊，但何炅仍然从中准确抓取到了有效信息，说明他一直在仔细关注对方的感受和需求，并且结合自己多年的从艺经验，替对方做出了更好的诠释。

在说完之后，他也没有自顾自地开始聊自己，抢了春夏的风头，而是通过向她询问意见，把话语权还给了她。

在综艺《向往的生活》里，飞行嘉宾魏大勋由于分别参与过常驻嘉宾何炅和黄磊执导的电影，被众人"挖坑"提问：你更喜欢哪个导演？

魏大勋知道这种两难问题很棘手，所以并未正面回答，而是夸起了黄磊导演的《麻烦家族》是自己拍过的最细致的戏，顺嘴就开始吐槽以前合作过的导演工作有多敷衍，甚至为自己打抱不平："有些地方明明是导演让我们这么演的，最后承担责任的是我们演员。"

此言一出，字幕都为他捏了把汗。

何炅知道魏大勋的本意是好的，只是话说得不漂亮，便故作生气地说："他可能说的是他上一部电影《栀子花开》吧。"

这部电影正是何炅执导的。

他一句话，就把众人的注意力引到了自己身上，替乱放炮的魏大勋解了围，也让魏大勋意识到了自己"一句话得罪一群人"的错误，赶忙止住了话头。

何炅给他复盘时说："做人，做艺人，都不要去横向比较。你就讲这个人好在哪儿，不要说别人不好，因为你不知道别人是谁。"

何炅看准了魏大勋的症结，不仅替他圆场，还把在娱乐圈摸爬滚打了三十年得来的宝贵经验教给了他。

何炅一贯温润善良，但他并非毫无锋芒。

高情商的人在沟通时会尽量让别人舒服，但前提是坚守自己的底线和原则。

一次在录制《奇葩说》时，一位选手正在侃侃而谈，他向观众讲述自己的创业和开房车环游世界的经历，试图以励志人设打动观众。

然而一向和颜悦色的何炅却全程黑脸，说话时都不用正眼看他。在他的演说结束后，何炅当着众人说道："××（嘉宾名字）发给我一个信息，但我没有回。我必须今天当你的面跟你说，我不是没有看到，我就是没有回。"

原来二人是旧识，曾经关系还非常好。

何炅介绍过一个女孩给他，后来他们还结婚了。只可惜在环游世界的路上，这位嘉宾上演了一系列背叛、出轨的戏码。

妻子伤心欲绝，和他离了婚。

何炅因为自己看走了眼，让女孩遭遇了这种事而备感愧疚，和他断了联系。

在节目录制现场，何炅痛心地说，不回短信是因为没有过自己这关，"托付给你的女孩，你带出去可是没有带回来。"

在场的还有很多其他嘉宾、选手、观众和工作人员，但何炅没有碍于情面选择保持沉默，而是坦然披露了这些旧情。

在日常和人的交往与沟通中，我们不仅要充分把握好自己的情绪，也要能够观察和识别他人的情绪变化，更好地照顾别人的感受、回应他人的需要。

但别忘了，前提是，坚守你自己的底线和原则。牺牲自己来成就别人，并不是一种值得提倡的行为。

充分了解你的沟通对象

提起杨澜，大家的评价都离不开几个词：美丽、知性、优雅。

她是央视名嘴，也是美女作家，还是在生意场上运筹帷幄的企业家，是众多女性心中的"大女人"。

她的沟通之道，充满了女性智慧。

首先，沟通要有驱动力。

杨澜还是大学生的时候，应聘过某节目的主持人。经过几轮淘汰，只剩她和另一个在外貌上很有竞争力但才情略逊色的选手。

最后一轮面试，被问到会如何做这档节目的主持人时，杨澜说："我认为主持人的首要标准不应是容貌，而是要看她是不是有强烈的与观众沟通的愿望。我希望做这个节目的主持人。因为我特别喜欢旅游，人与大自然相近相亲的快感是无与伦比的。我要把这些感受讲给观众听……"

她的话语中饱含着与观众交流的渴望，一下子就击中了在场评委的心，顺利通过了面试。

在生活和工作中，我们有机会了解到许多沟通知识，也能通过各种方式学习交流话术。

但是很多人在掌握了理论知识后，却不能付诸实践，仍然害怕与人沟通，重要原因之一就是缺乏与外界沟通的动力。

动力心理学认为，行为是由内部的强大力量驱动的。如果内心对沟通并不渴望，反而充满抵触和厌烦情绪，那么学习再多的沟通技巧也于事无补。沟通是帮助我们达成目标的手段，而不是目标本身。把注意力放在沟通的目的上，想象一下梦想成真的喜悦，或许能更有驱动力。

一个员工想找老板谈加薪之事，在网上搜了很多谈判技巧，但还是在踏入老板办公室的前一刻退缩了。

沟通这件事对他来说太难了，他害怕遇见各种问题，比如说错话，比如老板可能会对他产生负面评价，比如现场气氛很尴尬……

他意识到，沟通是辅助工具，加薪才是真正目的。

不论沟通过程如何，只要能达成目的，都是有效沟通。明确了自己内心驱动力的源头后，他果然勇敢坚定地走进了老板的办公室，提出了自己的要求。

其次，要充分了解你的沟通对象。

杨澜的采访对象大多是政商界成功人士，他们往往背景复杂，牵涉面较广。要想进行深入沟通，必须做大量的准备工作，否则提出的问题只是隔靴搔痒，无法激发被访者的热情，更无从触及本质，披露生活的真相。

杨澜曾说："在我的采访中，大约有1/4的提问是临时发挥的，另外3/4要靠严密、充分的背景准备，做功课的重要性怎么强调都不过分。"

杨澜曾两度采访美国前国务卿基辛格。

第一次采访时，她经验不足，准备得很不充分，导致问出的问题太粗浅。

第二次采访时，她回忆起六年前和基辛格的见面，不禁感叹说："真是太小儿科了，问的问题都是八竿子打不着的，无一例外地在结尾希望人家对中国观众说几句话，你在外交事业中感到最骄傲的是什么等，都是对任何人都可以问的问题。"

所以这一次，她吸取教训，把基辛格的所有论文看了个遍。她认为，即使不是所有资料都能派上用场，但至少可以帮助自己避免重蹈覆辙。

采访结束后，基辛格给予了杨澜高度的评价："amazing（太棒了）。"因为这次她提的问题都十分具体，具有针对性。

除了基辛格，杨澜还采访过美国前总统克林顿。

采访期间，杨澜问到了关于莱温斯基的事。这本来是一个敏感话题，旁边的总统秘书一直使眼色示意她收手，但她并未露怯。

原来，在对克林顿进行背景调查期间，杨澜通过他的自传和一些其他的文字资料发现，美国的每一位卸任总统，都会有一个以他的名字命名的图书馆，比如里根总统就有里根图书馆。

克林顿也有自己的图书馆，其中有一个专门的展室，展出的内容是莱温斯基事件的相关材料，比如听证会、弹劾案等。

"我觉得如果对方已经能够接受和面对这件事，问起来会方便一点。"杨澜说。

所以，她向克林顿提出的问题是："每一位总统会在自己的图书馆里放上那些对自己比较有利的历史资料，但是你为什么会把这样一件令你曾经非常难堪的事情的资料放在自己的图书馆里？"

杨澜事后回忆说："我觉得这样问比较好，第一他必须回答，第二他相对来说也会比较容易进入主题。"

果然，克林顿放下戒备心，认真地解释了自己的用意。

这次采访顺利地结束了。

了解一个人没有那么容易，所以在面对错综复杂的背景信息时，我们很容易萌生退意。

但事实上，里面的关键信息往往能成为你撬动问题的支点。背景调查永远是你的有力武器，一定要好好把握。

最后，沟通要掌握分寸。

做事情要讲求一个"度"，沟通也是如此。

我们不能太强势，让对方不敢表达自己内心的真实想法；也不能太懦弱，显得毫无主见，被对方牵着鼻子走。

访谈节目之所以好看，很大一部分原因是观众总能通过主持人一针见血的提问了解到更多真相。

问题越尖锐、越深刻，节目的张力越大，越能吸引观众。但是，过激的问题会引起嘉宾不适，所以杨澜在采访中会观察嘉宾的反应，把握好沟通的分寸。

在采访韩寒时，由于对方身上贴的标签是"叛逆"和"特立独行"，所以杨澜的提问也尽显锋芒。

那一年，韩寒与从事文学评论的白烨展开了一场争论，引发了网民们的高度关注。

关注的原因并不是二人的观点，而是韩寒在争论中使用了大量近乎骂街的麻辣用词，令众人十分反感。

杨澜谈及此事时，直言不讳："我觉得可能是你所用的语言和观点让你显得相当叛逆。而且有时候我觉得你是故意的，比如说你在用一些脏话的那些字眼，我觉得你是为了激怒别人。"

这样的提问也许对一些人来说有些冒犯，但韩寒并不这么觉得，他诚恳地说："那个时候是稍微有点特立独行，但完全不是故意的。"

所以杨澜继续问："你觉得这个过程当中，你是不是也得到了表现欲上的很大满足？"韩寒也对此进行了详细解答。二人坦诚的沟通，让整个采访非常精彩。

在面对好莱坞影后妮可·基德曼时，由于一些问题涉及受访者的隐私，杨澜便温柔了许多。

其中一个问题，是问妮可·基德曼在拿到奥斯卡奖后为什么要第一时间打电话给男演员汤姆·克鲁斯，其中是否有什么特别的用意。

很明显，妮可·基德曼迟疑了一会儿，然后说："这个问题太私人了。"

杨澜见状便没有追问，并对自己的唐突表示了歉意。

同样，在采访龙永图时，杨澜问及中国加入WTO最后阶段的协议时，朱总理的两个让步，对方回答："具体的就不要说了。"

杨澜当即表示"没关系"。

沟通不是吵架。我们需要掌握分寸，把话说得恰到好处，让自己和对方都舒服。

直接对话是沟通成功的关键

被誉为"硅谷钢铁侠"的埃隆·马斯克，在不同的领域都有所建树。

他创办的PayPal引领了在线支付新潮流；他成立了太空发射公司SpaceX，完成了私人公司发射火箭的壮举；他创立的电动车及能源公司特斯拉也造出了世界顶级的电动汽车；他还是太阳能发电公司SolarCity的最大股东。

这些成就背后，离不开他独特的思维和沟通方式。

从小，马斯克就喜欢看数学、物理和哲学类书籍，从中积累了大量有关世界本质和规律的原理及公式的知识。

大学时，他同时学习经济学和物理学两门专业，这些课程深深地影响了他的思维方式。

亚里士多德曾提出"第一性原理"：在每个系统中都存在第一原理，这是一个最基本的命题或假设，不能被省略或删除，也不能违反。

这个原理被马斯克用到了自己的生活和工作中，他说："第一性原理的思想方式是从物理学的角度看待世界，也就是说，一层层剥开事物表象，看到里面的本质，再从本质一层层往上走。"

他举了个例子："在特斯拉早期研制电动汽车的时候，我们遇到了电池高成本的难题。当时储能电池的价格是每千瓦时六百美元，因为它过去就是这么贵，它未来也不可能变得更便宜。那么我们从第一原理角度进行思考：电池组到底是由什么材料组成的？这些电池原料的市场价格是多少？电池的组成包括碳、镍、铝和一些聚合物。如果我们从伦敦金属交易所购买这些原材料然后组合成电池，需要多少钱？天哪，你会发现只要每千瓦时八十美元。"

他没有把购买储能电池当成不可逾越的一堵高墙，而是通过拆解电池的组成，把它还原到最本质的状态，并且提供了各种数字对比，最终得出有利于自己的结论。

SpaceX草创阶段，马斯克打算从俄罗斯购买火箭进行发射，但是未能如愿。正在大家一筹莫展之际，马斯克说，我们可以自己制造火箭。

一家私人企业制造火箭？

别人都觉得他这是在痴人说梦。但他用数学公式把自己的想法展示了出来：材料花费+安装成本+发射开销=总花费。他还列出表格，里面一行行、一列列数字把建造、装配和发射一枚火箭所需的成本体现得明明白白。

通过数字化表达，马斯克成功地让朋友们相信了这件事的可行性。

很多时候，我们说服不了别人，是因为缺乏权威理论支撑，以及没有用数据清晰直观地把所需要的东西和可能遇到的困难展现出来，所以才让人觉得我们是异想天开。

如果使用获得广泛认可的公式和原理，并用数字增加观点的可信度，沟通时就可以更容易达成目的。

比如，你想约朋友去西藏旅游。考虑到你们的收入，朋友认为难度很大。这时候你可以写一个公式给她（他）：旅行成本=交通费+住宿费+饮食费+景点门票费+其他。

交通方面，选择特价机票或火车票，不会很贵。住宿的话，可以住青旅，一晚上人均不到一百。饮食费，两个人只要不胡吃海塞，也用不了多少钱。参观景点可以尽量选择免费景点，费用高的只去比较热门的。其他的可以适当买些特产和纪念品，尽量少买即可。

这样一算，这场旅行是不是明天就可以出发了？

埃隆·马斯克创立过数家公司，有些被高价收购，让他赚得盆满钵满；有些创造出行业内一个又一个奇迹，让他名震天下。

他在公司管理中之所以游刃有余，很大程度上受益于他的高效沟通法则——跨级沟通。

马斯克在一封写给特斯拉员工的内部邮件中提到，公司的沟通有两种：第一种是传统的上下级沟通，员工的问题只汇报给自己的上级。

这种方法把公司切割成由"上下级"组成的团体，容易助长官僚主义作风，并且在实际解决问题时，需要一层一层上报问题和一层一层下达反馈，费时费力，沟通效率很低。

另一种是跨级沟通，也是马斯克一直推崇和采用的。

他认为，作为一名员工，要有责任意识。

遇到问题，应该以解决问题为首要目标，不管需要和什么部门、什么级别的人对接，都要去沟通。

并且，你也有义务不断跟进这件事，直到确保问题被解决为止。马斯克说，沟通应该通过最短路径来完成，而不是通过"指挥链"。

采用跨级沟通的方式，可以大幅减少传递信息的人数，有效地消除信息隔阂。沟通的标准不再是级别和辈分，领导者可以广泛地接受各个层级的意见，普通员工也可以在领导们的帮助下更好地执行任务，提高工作效率。而且，上下级之间的互动增多了，公司的凝聚力也会提高。

马斯克在信中说，公司的领导层是跨级沟通的关键。如果他们能以公司的集体利益为重，做到以下四点，就能帮助公司搭建起便捷高效的信息流通系统。

第一点：明白公司的愿景。作为一个领导者，你要有能力把自己所做的事描绘成激动人心、改变世界的事情。这样，你就可以吸引到愿意和你为了目标共同奋斗的人，也能让团队中的每一个人相信自己在做的是有意义的、值得奋斗的事。

第二点：广开言路。为了广泛收集信息，避免一叶障目，领导层应该鼓励员工发出自己的声音，甚至鼓励他们提出相反的意见。即使他们的观点被证实是不可行的所以不被采纳，公司也不应该批评和处罚，以保护和激励员工的积极性和热情。有洞察力和建设性的意见毕竟是少数，不能奢求每个建议都有用。

第三点：认真对待员工的问题，为他们排忧解难。领导者不能因为自己身居高位就高高在上，对众人的困难置若罔闻。许多信息都应该和员工共享，让他们能够充分利用相关资源去解决问题。在增加他们参与感和责任感的同时，让他们感到自己是受尊重和信任的，是公司很重要的一分子。

第四点：鼓励员工发展自我。在员工想要离职时，公司管理层应当和他们真诚交流，了解背后的深层原因，以对公司不合理的制度和文化做出改良。在沟通过程中，不能进行咄咄逼人的审问，而是要循循善诱，并且表达出对员工的关心和理解，甚至鼓励他进入新的团队、部门或者公司发展自我。

做到这些，就能打造出跨级沟通的信息交换网络，保障公司的内部沟通高效、通畅地进行下去。

沟通不要拐弯抹角

苹果创始人之一乔布斯的那句"stay hungry, stay foolish（求知若饥，虚心若愚）"影响了成千上万的观众和读者。

他极具创造力，让手机、平板、电脑、音乐和数字出版等多个行业出现了颠覆性变革。

他的演说简洁直接，充满激情。很多人正是因为他，才成了苹果产品的"死忠粉"。

幻灯片现在成了很多人在公众场合表达的重要工具。

从学生们的课堂报告，到各大公司的产品发布会，大大小小的场合都有它的身影。大家用它来展示图片或文字，让演说内容更丰富。

有些人在使用幻灯片时，把文字铺满整个页面，令观众目不暇接，不知该看哪里好。

乔布斯则是另一个极端，他说："复杂的最终境界是简单。"

作为极简主义的提倡者和践行者，他的幻灯片一贯风格简洁，内容干净。

他坚信文字会使观众分心，所以坚持在PPT中只展示图片，不展示任何文字和符号。并且一般一个页面放置一张图片，一张图片对应一个主题。

乔布斯的演讲标题往往短小精悍。

它们简单好记，言简意赅地体现出这场演说的核心，极具穿透力和传播效力。

在推出初代苹果手机时，他以"今天，苹果重新发明了手机！"为标题，紧紧地抓住了听众的注意力，让人们都想集中精力听演讲，看看苹果到底是如何"重新发明手机"的。

在设计和推销产品时，乔布斯也把极简主义体现得淋漓尽致。

比如，在功能机时代，其他品牌的手机都密密麻麻布满了按键，但苹果只保留了一个按键，功能操作都用触屏方式实现。

再比如，在其他公司几乎每月都推出新品的情况下，苹果坚持一年只推出一代苹果手机。

在完整地表达自己、让对方听懂你的意思的基础上，不妨试试让内容更简单明了。

很多人都习惯做加法，让对话变得冗长而无聊，如果你能逆向而行，学会做减法，沟通风格便会更有辨识度，让人觉得你"字字珠玑"。

人的注意力和记忆力都是有限的，受众无法在短时间内接受过多新信息。一般来说，以三到四个信息点为宜。在这里，我们把它称为"三四原则"。

很多伟大的文艺作品，都拥有三段式或四段式结构。

许多作品甚至直接以这两个数字来命名，比如大仲马的《三个火枪手》、老舍的《四世同堂》。

我国有"四大名著"，其中一部叫《三国演义》。俗语说"事不过三"，而不是"事不过十"；是"人生四大乐事"，而不是"五大乐事"。

"三四原则"体现在生活的方方面面，也体现在乔布斯的演讲里。

2008年的一次发布会上，乔布斯需要跟大家介绍苹果公司的主要产品。

他打开幻灯片，画面上是一张三条腿的凳子。他说："苹果公司的产品现在有三大支柱。第一部分，是苹果电脑。第二部分，是我们的音乐业务，包括现有的iPod播放器和iTunes管理器。第三部分，就是现在的iPhone手机。"

在谈起苹果手机面临的挑战时，他说："要想达到一个新的水平，我们还必须迎接新的挑战。第一，3G网络——更快捷的网络。第二，企业的支持。第三，来自第三方应用程序的支持。第四，我们需要在更多的国家销售iPhone手机。"

在介绍苹果公司复杂的产品网络时，乔布斯把它们归纳成三个类别；在探讨手机产品的开发与销售时，他用了四个点来概括面临的主要挑战。

一个"三"，一个"四"，错落有致，简捷清晰地把庞杂混乱的信息呈现在大家眼前，同时也不至于一路"三"到底，毫无变化，显得沉闷。

"三四原则"除了可以用来对自己的表达内容进行分类，还有其他妙用。

2007年，苹果发布首款iPhone时，乔布斯在讲台上说："今天我给大家带来了三款产品，一个有触控功能的宽屏iPod，一个革命性的手机和一个可以上网的小设备。"他把这句话重复了几遍，确保大家听明白了这三样东西分别是什么，然后揭晓谜底说，"你们明白过来了吗？它们实际上是同一款产品，我们称它为iPhone。"

全场沸腾了。

在这里，他先把苹果手机拆解成三个拥有不同功能的设备，再把它们合到一起，不仅向大家介绍了它的功能，还把三款产品的优势集中到了它身上，实现了"三合一"的效果。

初代苹果手机发布之后，广受追捧，还被许多博客写手誉为"耶稣手机"。

在沟通中，为了让对方感受到我们是情绪稳定、说话得体的个体，我们会尽量选择温和的中性词。它们的确会让我们看起来四平八稳，但同时也会让我们显得不那么有个性。

众所周知，许多商业语言十分抽象，听起来枯燥乏味。乔布斯无论是在日常对话还是在向公众演讲时，都会使用到一些情感特征鲜明的感性词，以中和商业用语的枯燥，让表达更吸引人。

他介绍苹果笔记本电脑时说："你可以感受到它是多么轻薄。它有一个全尺寸键盘和显示器。这是不是令人惊异？这就是它的模样，是不是令人难以置信？这是世界上最薄的笔记本电脑。它有一个漂亮的13.3英寸的宽屏幕显示器和全尺寸键盘。我为我们的技术团队能成功地设计出这一不朽的作品而感到骄傲和自豪，我为能在这里展示它而激动不已。"

这段话里出现了四个感性词："令人惊异""难以置信""感到骄傲和自豪""激动不已"。

通过这些词汇，乔布斯把观众拉入了自己的情绪引力场，实现了观众和自己的情绪共振，让大家发自内心地感受到这款产品的难得和杰出。

除了这些形容词，感性词也包括拟声词和感叹词等。

描述第一款iPod的传输功能时，乔布斯说："插上电源，哎呀，搞定了！"

看起来可有可无的"哎呀"在这里有着不可或缺的作用。它表达出这款产品令人意外地简单好用，能够充分唤起观众的兴趣和好奇心。

《乔布斯的魔力演讲》一书的作者卡迈恩·加洛在书中谈到乔布斯的语言风格时说："如果你的演讲满是术语和行话，你会错过吸引和激发听众的机会。"

学会使用感性词，你的表达也会和乔布斯一样充满激情，能够第一时间吸引和感染沟通对象。

后记

沟通的技巧层出不穷，令人眼花缭乱。但无论怎么变化，底层逻辑都是相通的。

本书从沟通的误区、效果和技巧运用等多个方面入手，深入探究了有效沟通的底层逻辑。

其中既有相关原则和理论的介绍，也有具体案例的分析，多层次、多角度地为大家呈现了在职场、日常生活等不同场景中可能遇到的沟通问题和解决方案。

同时，本书通过总结社交达人的说话特点和沟通经验，结合他们的实际经历，针对常见社交问题开出了一张张"良方"。希望能够让大家读有所得，走出沟通误区，掌握有效沟通的技巧，不再被"社交恐惧症""人际交往障碍"所困扰。

虽然底层逻辑是相通的，但并不存在放诸四海而皆准的沟通技巧。在阅读本书的过程中，你也许会发现一些看似矛盾的说法。

比如，在谈论沟通的正确姿态时，我说要少用反驳式反问；但在介绍核心倾听法则时，我却建议大家学会反问，用反问来反馈。再比如，我们在沟通中，为避免出现语义噪声，让对方能够准确地接收到相关信息，最好尽量少用模棱两可的说法，要清晰明了地表情达意；但在自己不知如何回话的时候，或者不便进行展开分析的场合，使用泛泛之词反而更能增进彼此的感情，获得更好的沟通体验。

所以，在选用沟通方法时，我们一定要结合实际情况，因沟通对象、情境和目的的不同而采用不同的应对方案。

不过，学习再多的技巧，也只是"术"。我们之所以这样说话，是因为我们这样思考的。提升沟通能力，最本质的问题就在于改变思维方式。

我们要努力提高个人文化修养，并且勤于练习，成为高段位沟通者，为我们的人生锦上添花。

在本书中，我已尽可能将我所了解的相关知识分享给大家，由于水平有限，错漏在所难免，敬请读者批评指正。

陈默

2021年10月30日夜写于湖南

参考文献

[1] [美]罗纳德·B.阿德勒，拉塞尔·F.普罗科特.沟通的艺术：看入人里，看出人外[M].插图修订第14版.黄素非，李恩译.北京：世界图书出版公司，2015.

[2] [美]马歇尔·卢森堡.非暴力沟通[M].修订版.刘轶译.北京：华夏出版社，2021.

[3] [美]珍妮弗·康维勒.内向者沟通圣经[M].魏瑞莉译.北京：北京联合出版公司，2017.

[4] [美]J.丹·罗斯维尔.小团队沟通课[M].魏思静译.北京：中国友谊出版公司，2021.

[5] [美]科里·帕特森，[美]约瑟夫·格雷尼，[美]罗恩·麦克米兰，[美]艾尔·史威茨勒.关键对话：如何高效能沟通[M].原书第2版.毕

崇毅译. 北京：机械工业出版社，2017.

[6] [以色列]尤瓦尔·赫拉利. 人类简史：从动物到上帝[M]. 林俊宏译. 北京：中信出版社，2017.

[7] [美]戴尔·卡耐基. 人性的弱点[M]. 陶曚译. 天津：天津人民出版社，2014.

[8] [美]戴维·迈尔斯. 社会心理学[M]. 第11版. 侯玉波，乐国安，张智勇等译. 北京：人民邮电出版社，2016.

[9] [美]罗伯特·西奥迪尼. 影响力[M]. 经典版. 闾佳译. 北京：中国人民大学出版社，2006.

[10] [美]D. Q. 麦克伦尼. 简单的逻辑学[M]. 赵明燕译. 浙江：浙江人民出版社，2013.

[11] [加]朱迪思·汉弗莱. 即兴演讲：掌控人生关键时刻[M]. 坰清，王克平译. 北京：人民邮电出版社，2018.